播音主持艺考：即兴评述
──── 编委会 ────

主　编：**谢伦浩**

副主编：**龚晔颖　谢　欣　白　莹　冯子函**

编　委：**李诗涵　汤丝敏　肖　韶　黄　锦　陈宣瑄　杨润邦**

播音与主持艺术专业
考前辅导丛书
BOYIN YU ZHUCHI
YISHU ZHUANYE KAOQIAN
FUDAO CONGSHU

播音主持艺考
即兴评述

BOYIN ZHUCHI YIKAO
JIXING PINGSHU

谢伦浩 ◉ 主　编

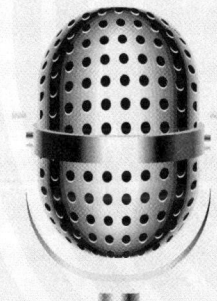

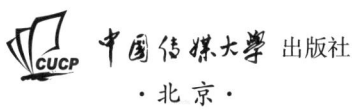

中国传媒大学 出版社
·北京·

图书在版编目(CIP)数据

播音主持艺考.即兴评述 / 谢伦浩主编. -- 北京:中国传媒大学出版社,2020.9
(2023.6 重印)
（播音与主持艺术专业考前辅导丛书）
ISBN 978-7-5657-2758-0

Ⅰ. ①播… Ⅱ. ①谢… Ⅲ. ①播音—语言艺术—教材 ②主持人—语言艺术—教材 Ⅳ. ①G222.2

中国版本图书馆 CIP 数据核字（2020）第 152828 号

播音主持艺考:即兴评述
BOYIN ZHUCHI YIKAO:JIXING PINGSHU

主　　编	谢伦浩
策划编辑	赵　欣
责任编辑	赵　欣
特约编辑	高卓毓
责任印制	李志鹏
封面设计	拓美设计
出版发行	中国传媒大学出版社
社　　址	北京市朝阳区定福庄东街1号　　邮　编　100024
电　　话	86-10-65450528　65450532　　传　真　65779405
网　　址	http://cucp.cuc.edu.cn
经　　销	全国新华书店
印　　刷	北京中科印刷有限公司
开　　本	787mm×1092mm　1/16
印　　张	13
字　　数	240 千字
版　　次	2020 年 9 月第 1 版
印　　次	2023 年 6 月第 3 次印刷
书　　号	ISBN 978-7-5657-2758-0/G・2758　　定　价　45.00 元

本社法律顾问：北京嘉润律师事务所　郭建平

目　录

前　言 /1

上编　技巧篇

第一章　即兴评述宏观把握 /3
第一节　即兴评述的概念界定 /3
第二节　即兴评述的状态 /6
第三节　即兴评述的主题确立 /9
第四节　即兴评述的框架布局 /11
第五节　即兴评述的表达禁忌 /23

第二章　即兴评述心理谋略 /26
第一节　即兴评述心理概述 /26
第二节　即兴评述心理调适 /27
第三节　即兴评述情绪控制 /30
第四节　即兴评述情感推进 /32

第三章　即兴评述表达技巧 /35
第一节　规范的口语表达 /35
第二节　灵活的语势基调 /38
第三节　自然的表达方式 /40
第四节　清晰地表情达意 /42

第五节　多样的表达结构　/43
第六节　丰富的修辞手法　/46

第四章　即兴评述控场战术　/49
第一节　快速适应现场　/49
第二节　赢得听众喜爱　/50
第三节　应变能力敏捷　/51

第五章　即兴评述态势妙招　/53
第一节　运眼传神,增添表达光彩　/53
第二节　表情自然,提升形象气质　/55
第三节　手势得体,传递真情实感　/56
第四节　肢体协调,彰显个人魅力　/58
第五节　服饰得体,展现端庄形象　/60

中编　素材篇

第六章　生命·青春·修养　/65
第一节　生命　/65
第二节　青春　/67
第三节　修养　/69

第七章　爱国·理想·信念　/71
第一节　爱国　/71
第二节　理想　/72
第三节　信念　/74

第八章　教育·求知·惜时　/77
第一节　教育　/77
第二节　求知　/79
第三节　惜时　/81

第九章　奉献·荣誉·情感　/83
第一节　奉献　/83
第二节　荣誉　/85
第三节　情感　/87

第十章　才智·奋斗·机遇　/89
第一节　才智　/89
第二节　奋斗　/90
第三节　机遇　/92

第十一章　勤俭·财富　/94
第一节　勤俭　/94
第二节　财富　/96

下编　实战篇

第十二章　主题命题即兴评述　/101
第一节　道德·理想　/101
第二节　教育·方法　/115
第三节　励志·哲理　/129
第四节　情感·交往　/140
第五节　专业·考点　/151

第十三章　新闻材料话题评述　/163
第一节　食品·住行·环境　/163
第二节　医疗·教育·网络　/173
第三节　文化·道德·法律　/183

附录　即兴评述真题　/192

参考文献　/197

前　言

即兴评述是播音主持艺术专业考试项目之一，要求考生临场抽取考试话题，再围绕话题迅速自拟观点，即兴而谈，对考生的临场反应能力要求高。由此，它历来被视为播音主持艺术专业考试中的难点。

概括而言，即兴评述指考生在特定的环境中以规定命题为范围，思维缜密地评论某事或阐述自己观点，又称即兴演讲，是语言表达的一种形式。这种临场迅速创造语言作品的形式难在对创作者综合表达能力的高要求，包括表达者的思想深度、文化知识功底、临场心理素质、口语表达水平、快速思维和语言组织能力等。

可见，即兴评述知识层面涉及广泛，考核标准难于统一。宏观上，即兴评述考核内容包括播音主持专业基础、文化知识结构、个人特质展示，以此检测考生是否具备播音主持专业学习潜力。进一步说，即兴评述考查考生的文字理解与提炼水平、语言组织与表达基础、思维反应和现场掌控能力，是各大播音类高等艺术院校专业招生考试的必考科目。考试中，即兴评述用于拉开考生专业素质分数，所以它也是争取专业成绩的关键。

本书汇总近年来播音主持艺术专业考试的应试需求，结合专业院校的招生标准及专业老师的点拨思路，分为即兴评述技巧、即兴评述素材、即兴评述话题共上、中、下三编,以详尽地展开内容叙述,希望借此帮助播音主持艺术专业考生以技巧为关键、以素材为基础、以话题为支撑,真正做到活用技巧、精选素材、巧对话题,从而确保良好发挥,考出理想成绩。

  书中各个部分特色不一、方法有别,却环环相扣、互为支撑,力求简明扼要地帮助本专业考生速得即兴评述应考精髓,希望考生运用联系、总结、发展的方法轻松备考,考学成功!

谢伦浩
2020 年 5 月

上编　技巧篇

即兴评述,是指考生在特定的环境中根据规定命题,思维缜密地评论某事或就特定命题阐述自己观点的语言表达形式。即兴评述技巧,是指讲话者在准备时间有限或事先准备不足,临场人物、景物、气氛等因素变化的情况下,能够根据特定话题做到有感而发、清晰地阐述个人观点的方法。它是解决如何通过技巧强化自身艺考应试技能,考取更多专业合格证,如何应对诸如忘词、冷场、断片等"考场事故"的方法论。

在日常生活中,人际交往时的口语表达尚且无法确保字斟句酌、反复推敲、逻辑严密,更何况身处高压考场环境中,考生受到诸如考试时间限制、考官态度和考场对手的刺激等现场因素的干扰,或者部分考生受到本身专业底子薄、知识积累少、情绪控制差等主观条件的限制,难免出现紧张无措、肢体僵硬、言不由衷、口不择言等有失水准的即兴反应。可见,即兴评述考试的临场压力大,备考任务重,所以掌握即兴评述技巧尤为重要。

本书上编根据即兴评述的鲜明特点,共分五章二十三节铺设即兴评述的技巧网络,概括为"一把二谋,三重表达,四术五招",让通"关"之路有"技"可寻。

一把二谋,是针对即兴评述概念的攻略,要求评述者在表达开始前,将把握全局放在首要地位,从整体出发弄清楚三个要素:该干什么,怎么干,什么不能干。界定概念、调整状态、确立主题、布局框架、注意禁忌,五位一体地做好即兴评述的准备工作。与此同时,心理及情感方面的谋略也要开展。

三重表达,是指在完成即兴评述准备工作后,从评述表达开始时,要积极使用表达技巧,高度重视表达效果。毕竟,即兴评述的考核重点是表达能力。规范的口语表达、灵活的语势基调、自然的表达方式、清晰的表达逻辑、多样的表达结构、丰富的修辞手法都是修饰表达、提高水平的法宝。

四术五招,是指在评述进行中用四步控制现场,依次为:快速适应现场环境,初步赢得受众喜爱,应变能力敏捷,全面掌控现场,进一步做到控场有术。而五招主要针对即兴评述的态势语言,即运用眼神、表情、手势、肢体、服饰等拿下令人满意的分数。

即兴评述涉及的专业技巧甚广,个中要领不只需要平时的积累与训练,还需要快速适应现场,稳定发挥。毕竟,即兴评述的失分会严重影响考生的专业成绩,还可能降低其继续学习的自信与热情,不利于考生顺利通过艺考。因此,本书上编从实际问题出发,结合专业老师指导,力求简化即兴评述技巧难度,帮助考生考出理想成绩。

第一章　即兴评述宏观把握

宏观把握，即对构成事物整体的把握，掌握事物构成的要素和前进的方向。本章对即兴评述进行整体规划，灵活调动系统中各个要素，提升整体评述水平。

第一节　即兴评述的概念界定

界定即兴评述的概念，就是对即兴评述内涵进行分析，根据其基本结构和社会功能作出分类。本节将从即兴评述的内涵、特点、意义三个方面界定即兴评述的整体概念。

一、即兴评述的内涵

所谓即兴，指事先毫无准备，仅就临场感受现场发挥；评述，指针对一个主题有观点、有中心地展开评论或叙述。即兴评述，指考生在特定的环境中以规定命题为范围，思维缜密地评论某事或阐述自己观点的一种语言表达方式，一般要求讲话者在准备时间有限或事先准备不足的情况下，受现场人物、景物、气氛等因素的激发，根据特定话题有感而发，阐述个人观点。即兴评述，也可以称作即兴演讲，这种临场迅速创造语言作品的形式是播音与主持艺术专业考试中较有难度的一项内容，对考生的思想深度、文化知识功底、临场心理素质、口语表达水平、快速思维和组织语言的能力等都有较高的要求，是拉开考生专业素质得分的重要考试形式。因此，它在播音与主持艺术专业考试中，是一项非常重要的考察内容。

即兴评述，是临场讲话的一种形式，要求讲话者有较好的即兴口语表达能力，能迅速地将内部语言外化为口头语言。然而，部分考生由于没有足够的日常积累，加上紧迫的现场情境刺激，往往紧张无措、言不达意，进而导致大幅度失分。因此，考生若想摒除现场干扰、冷静地分析话题、敏捷地捕捉话题中心、围绕中心展开评述，就必须理解即兴评述的内涵，这样才能从心理上克服临场不适情况，从而表述出独到的见解。即兴评述是社会实践活动的一种类型，具备明确的目的性。目的激发动力，动力产生效果。

首先，即兴评述的根本目的是选拔。即兴评述是专业艺术院校为选拔优秀的艺术人才而开设的艺术考试项目。艺术院校通过这项考试项目择优录取考生。即兴评述主要作用于语言类艺考考生，受用于专业艺术院校单位。

其次，即兴评述的实际目的是升学。即兴评述作为艺术升学考试项目，是多数艺术考生实现播音与主持艺术升学目标的必过关卡。可见，考生参与即兴评述考试、很好地掌握即兴评述表达技巧，其实际目的是升学。

最后，即兴评述的艺术目的是审美。即兴评述的接受过程其实就是一种语言表达的审美过程，考官通过考生的即兴评述对考生的基本素质作出初步判断，审视其主观思维深度、个人展现美度、语言表达力度、信息传达效度等是否符合专业录取标准，从而完成"优胜劣汰"的选拔任务。究其实质，这就是一个语言艺术的"选美"过程，它的审美标准在不断变化发展，所以要求考生对即兴评述有宏观把握、与时俱进，以满足考试要求。

二、即兴评述的特点

即兴评述的载体是现场的口语表达，它具备以下三个方面的现场特点：

临场而发，是即兴评述的开端。即兴表达受语言现场环境的制约，不同的话题、不同的听众对象、不同的现场氛围等都会影响即兴评述当场的表达效果。因此，即兴评述的首要特点是临场而发，这也是其过程的始发。

边说边想，是即兴评述的过程。尽管即兴表达张嘴即来，但由于准备时间仓促，其表达内容或中心思想往往不太连贯，所以考生在评述进行过程中，需要边说边不断产生新的想法，唯有边说边想，交替地调整思路与组织语言，才能确保即兴评述顺利进行、表述完整。

自圆其说，是即兴评述的结果。即兴评述考试的话题是开放式的，没有唯一的确定答案，它的考察目的并非判断是非对错，所以不论开端或过程如何发展，只要考生的观点能自圆其说即可。其实，即兴评述的考察本质就是检测考生是否具备论证自己观点的能力，所以在评述过程中，要自圆其说，不断地完善自己表达的观点。

事实上,即兴评述可以被看作一篇口头议论文,它的命题多具有开放性、议论性,内容主要围绕高中文化知识和当下时事常识展开。一般情况下,考生都能够做到有话可说。据此,即兴评述在表达上也具备观点自由、表达自然、现场可控、形式多样四个特点。

第一,即兴评述的观点自由。

即兴评述的话题多为开放性的,没有唯一的正确答案。因此,它所对应的观点也不应是唯一的。针对话题,考生当然可以各抒己见,只要能自圆其说,便能脱颖而出。建议考生在论证观点时,选取考官熟悉、感兴趣的论据展开评述,以求进一步引发共鸣,获得认可。当然,考生的基本价值观应是正确的,因为高校都希望选择健康有活力、积极向上的中学生继续培养。

第二,即兴评述的表达自然。

即兴评述临场而发,不论是构思而发,还是无措而发,反映出的都是大脑飞速运转的临场表达,所表达的内容往往是自然流露的,夹杂着许多口语化语言,没有固定的韵律格式,不会有太多的表达技巧。考试前,建议考生注意自己的语音面貌,尽量减少不标准字音、语调在表述中的使用频率。

第三,即兴评述的现场可控。

即兴评述的现场制约性强、变化因素多。正因如此,考生必须有效地进行现场调控。换言之,在即兴评述考场上,现场不可控性因素非常多,若考生丧失对现场的调控能力,便容易发挥失常。反之,若考生能够有效地对现场条件、氛围等因素进行适应和调控,掌控现场可变因素,顺利通关便不在话下。

第四,即兴评述的形式多样。

即兴评述的创作者,可以结合自己的知识积累和所学技巧,灵活运用或创新即兴评述的形式。通常,即兴评述没有固定题材、体裁、技巧等形式上的束缚,创作者可以自由发挥,表达中心观点,升华主题。其中,结构类型、语言技巧、思维方式、素材择取等的巧妙运用,都是进一步学习时的重中之重。

三、即兴评述的意义

即兴评述的起源、发展、变化过程和表达要素积累都与社会整体的变化发展紧密相连。它是获取信息的好途径,扩大联系的好机会,求知学习的好渠道,锻炼口才的好方法。

首先,即兴评述是专业院校选拔人才的重要手段,是检验考生素质的重要手段。

在考试中，考生需要通过评论或叙述等表达方式向考官明确传达自己的思维观点，并且有条理地列举相关论据信息等作为支撑。同时，考生在此过程中还得不断完善信息传播的方式，实现即兴评述的实际效益。

其次，即兴评述的发展和完善能够不断提高考生的专业素质，强化其表达交流能力。随着考试要求的提高，考生的语言表达能力等相关素质也随之不断提高。毕竟，人类的社会属性让彼此间有交往需求，而即兴评述是提高语言表达能力直接有效的训练方法，掌握相关技巧有利于我们日常社会活动的开展，拓宽自身的人际交往范围。

可见，即兴评述的存在和发展有着重要作用，即兴评述的技巧不仅是考生的考场利器，也是我们日常生活中求职竞赛、人际交往的重要帮手。

第二节　即兴评述的状态

即兴评述对考生的状态要求尤为严格，状态良好的考生能在错综复杂的场合，泰然自若、侃侃而谈；状态欠佳的考生往往会纰漏百出。那么，进行即兴评述时的应有状态究竟应是怎样的呢？

一、端庄知礼的形象，获取初步好感

节目主持人的整体形象应是端庄知礼、落落大方的。因此，在即兴评述考场上，考生从踏入考场到进行评述，都应保持端庄有礼的整体形象。从人类交往的角度来看，长辈们通常更容易对有礼貌的晚辈产生好印象，甚至非常愿意帮助有礼之人。也许，良好的形象不一定能给考生增加实际分数，但是无礼粗鲁的举止一定会直接使评委心生厌恶。语言是思想和学识的外在表现，使用礼貌语言有利于表达者融洽现场氛围，化被动为主动，赢得良好的第一印象。

例如，考生上场时，可以由衷地说声"感谢各位老师的聆听"；评述开始时，可以说"老师好，老师辛苦了"等礼貌用语。接着，在评述过程中，若是出现失误可轻轻道声"对不起，请原谅"。其间，如果考官给予指导或提问，回应之前可说声"谢谢您的指导，我会继续努力的"。而在评述结束后，再道声"谢谢"也是十分必要的。

不过，值得注意的是，使用礼貌语用语时一再重复同样词句不可取，借此竭力恭维评委不可取，"正意反说"不可取，将礼貌语变成谄媚之言更是不可取。

总之，使用礼貌语言也好，注意整体修养也罢，最终的目的都是塑造端庄知礼的整

体形象。考生即使心里很紧张,也要运用方法进行掩饰,在评述时应给人彬彬有礼、亲和友善的整体感觉,同时保持自身肢体放松、表情自然的良好状态。这样高素质的形象有利于赢取现场受众的一致好感,从而为获取理想成绩打下较好的基础。

二、积极热情的态度,点燃现场氛围

即兴评述的直接目的就是要引起现场受众的共鸣,因此情绪调动非常重要。尽管情绪的调动与推进有许多方法与技巧,但主体的状态最为关键。假设讲话主体自身消极低落,现场气氛必定随之冷却;反之,主体处于积极热情的状态,也能带动情绪低落的听众变得热情起来。通常,积极状态与言语和动作密切相连。如果评述者太冷淡,就会表达生硬,语调下沉,氛围压抑,听众会出现疲倦、不耐烦的情绪。尤其是一些主题或素材类型接近的评述,若表达方式再雷同,时间一长,听众情绪也会随之低落,无精打采。

出现这样的情况,评述成功的可能性就很低了。因此,评述者应使自己的表达内容有"高潮",寻求"火爆"效果,这就要求我们能在考场上由内而外地释放自己的热情。即兴评述的表达往往伴随着情感的传达,保持积极的心态能帮助表达主体时刻处于热情暖人的状态,以此感染现场受众,激发其参与兴趣。特别是在讲述一些热情、紧急、赞美、愤怒、兴奋之类的内容时,不能以"毋庸赘言"代替,叙述那种无法控制的感情、表示激动的态度或叙述进入高潮时等可以热情洋溢。反之,表述一些平静、悲伤、庄重、思考、劝慰之类的内容时,讲述一些需要听众注意之事时,讲述有关数字、人名、地名时,讲述引起疑问之事时可以"冷热交替"。

评述时,表达者一定要摒除功利求胜的心理,少给自己设置要求,争取放平自己的心态,享受其中,才会更有播讲欲望。其实,真实表达自己的心声,不只自己觉得舒服,也更能感染人心,所以考生要改变自己的一些言行习惯,放开自己,认真投入,展现出积极明朗的状态。可以运用高昂、上扬的语势、语调,真诚、真实地积极表现,且要相信自己的表达,相信自己的整体表现,因为自信表达能催生热情表达。如果能够用自己的热情感染现场,考官自然也会被暖意洋洋的氛围所打动。

三、精炼准确的语言,切合表达逻辑

即兴评述篇幅不长,却有极强的持续性。所以,它并非把语言简单地串起来,而是要择取准确、有水平的语言来完成表情达意的目的。特别是评述中的语句概念要经得起推敲,一旦有悖逻辑将贻笑大方。

例如,某市有三十对青年男女举行集体婚礼,应邀前来的市长兴致勃勃,在集会上发表了即兴演讲:"三十位俊男美女思想进步,观念更新,今天在此举行集体结婚,我很感兴趣。谨让我表示由衷的祝贺!"此言一出,语惊四座,听众目瞪口呆,原来市长把"集体婚礼"说成了"集体结婚"。事实上,市长讲话的心意是好的,主题思想也不错,就是情急之中用错了词语,影响了表达效果。

因此,在讲话前一定要对语言中的关键概念词句进行仔细推敲,认真斟酌,以免出错。口语表达不同于书面表达,它转瞬即逝,但有些观点一旦表达出来是不会即时从听众的感觉中消失的。听众会思考,会比较,如果认为讲话者的观点虚假、错误,便会产生抵触心理,导致评述失去公信力。

四、条理清晰的观点,实现以理服人

即兴评述要在有效的时间里外化表述者的"脑中所想"与"心中所感",这也是对考生内涵才学的极大考验,要求考生保持头脑清醒机智、思维敏捷清晰,能够迅速地根据话题理清头绪,列出提纲,完整表达。尤其在新闻稿件的评述方面,评述者要把作者的意图挖掘出来,根据主题需要展开论述。其间,评述者自身的艺术素养、文化底蕴、知识能力等素质也能得以体现。因此,即兴评述的观点一定要清晰有理,不能经不起推敲。

曾经在一个"戒烟联席会"上,有位领导上台这样说:"吸一支烟至少要少活一天。"台下一片哗然,因为这显然是不大可能的。如此经不起推敲的观点自然难以让人信服。此外,在评述中运用俏皮打趣的笑话,可以使听众更容易接受讲话者的观点,让讲话者在轻松的气氛中实现以理服人。

可见,即兴评述的创作状态应该是:思维敏捷,反应迅速;态度积极,热情有礼;口语规范,语言精准;逻辑严密,条理清晰;立意明确,主题突出。评述者必须捍卫真理,提高修养;必须实事求是,光明磊落;必须行得正、站得直,言行一致,表里如一,严于律己,宽以待人。唯其如此,才能获得听众的信任,引起情感的共鸣。

当然,这也要求评述者必须胸怀豁达,镇定自若。在即兴评述的过程中,讲话者难免会受到听众的干扰,遇突发情况要能心平气和、遇乱不惊,不能以"我是王者"的姿态居高临下、盛气凌人,要以理服人、以情动人、以事感人。

第三节 即兴评述的主题确立

即兴评述的主题是表达的中心和灵魂,所以要定位准确、符合逻辑。为此,一般从审题入手准备,先仔细审题,找出题眼,确定表述范围;再深入分析,深刻立意。其中,话题的分析应针对某一客观事物的特点和本质进行主观联想,深入挖掘,由此才能捕捉到最佳主题。

一、仔细审题,确定表述范围

审题,即对话题进行分析,是即兴评述技巧中最为关键的步骤。题眼是主题的眼睛,只有准确找出题眼,考生才能做到"不偏题、不跑题、不误题",实现表达目的。那么,如何做到审题正确呢?

首先,要全面审清话题的所有信息要素。不论是话题的组成文字,或是引入话题的导语和材料,都要全面关注,尤其注意"利弊"这类用一个词语表达两个词语意思的"缩写"字眼。

其次,要深入审清话题概念的内涵、外延甚至一些隐含信息。以"学习雷锋"为例,其中"雷锋"不仅仅指雷锋个人,还包括"雷锋"所代表的乐于助人和甘于奉献的精神。可见,在审题时,一定要抓住内涵,适时升华主题思想。

最后,要有侧重地选取话题的一个角度进行深化。如"谈道德"类型的大范围话题,可以衍生出许多小主题,如"师德""社会公德""诚信""责任"等,如果只评述大主题,难免出现假、大、空的现象,但是若将小主题谈得面面俱到,肯定会缠绕不清,说不清楚。所以审题时,考生应最好选择其中一个最有把握的小主题进行叙事或评说。

二、深入分析,确立中心观点

确立中心观点在写作中叫作立意。即兴评述,其实就是把人脑中的一篇议论文用口语表达的方式呈现出来。立意是展开主题的依据,是进行评述的基本立足点。

立意,要树立主观点,确立表达中心,它与审题不可分割。毕竟,只有先审好题,才能立好意。一般来说,运用思维拓展法发散思维,可以寻求更深更广的立意角度。立意与审题都需要考生充分发挥主观能动性。所以,要找到话题深意,提出自己的观点,必须先根据审题后的结果进行全面思考。通常，独到的中心观点能推动即兴评述的进展。

在考场上，考生必须立意深刻，做到有广度、有深度、有新意、有个性等，从而由表面现象得到深层启发，萌发一个新的观点。同时，深刻的立意有利于主题的升华，也能更好地展现讲话者的智慧和能力。

三、巧换主题，免入考场陷阱

即兴评述的话题范围广，有的考生在面对"闻所未闻"的临考话题时无从下手，导致慌张错愕，陷入考场陷阱，出现失误。

有时，我们有较好的语言技巧和有力的素材支撑，只是对主题不够熟悉，才会失误连连。针对这种情况，我们不妨随机应变。这里引入的概念为"巧换主题"，即自然地将生僻主题过渡到自己熟悉或准备好的主题上。

具体说来，先分析生僻题目，从中找出自己熟悉、有利于自己评述的"题眼"部分，再从中切入，转换评述中心。由此，巧妙地位移评述轨迹，化被动为主动，变陌生为熟悉。但是，一定要自然过渡，不露痕迹，不能跨类别或是变动范围太大，给人离题之感，如把"感动"换成"寻找感动"等。此外，巧换主题时不能太直接，比如不能说"我抽到的题目是'感动'，而我想要将这个题目改为'寻找感动'"。

范例 1-1

道德重要还是法制重要

对于一个社会而言，道德重要还是法制重要，换句话就是，德治重要还是法治重要。

关于法治和德治一直存在争论，从春秋百家争鸣开始，就出现很多流派。秦国商鞅变法在中国历史上最为成功，是以法治国的典范，然而，秦朝却没有得到长治久安。于是，德治又成为许多君主推崇的方略。延续两千多年的封建王朝，都没有得出标准答案。其实，德治和法治难道只能以一种方式推行吗？我认为并非这样。从理想角度上讲，德治优于法治。这是对马克思、恩格斯构想的共产主义社会的特征，即不需要法律来调整社会关系，这与老子的无为而治颇为相似。但我认为，不论法治还是德治都应该以民主为核心。

因此，德治和法治到底谁更重要，恐怕难以一概而论。就当今社会而言，应该让道德和法制有机结合，双向并行，这也说明道德和法制都很重要。

范文分析

其一,巧换主题为"德治重要还是法治重要"。

其二,运用三段式结构,先提出概念相似的主题,再从史实角度出发论证自己的观点,最后将自己论证的主题与考试命题相联系。

其三,运用首尾呼应的布局技巧,掩盖偷换主题的痕迹。

第四节 即兴评述的框架布局

即兴评述的框架布局就是对过程中各个要素进行全面规划协调。其中,包括选材的位置布局、技巧的插入时机等。即兴评述的框架体系包括方方面面,如巧妙的思维体系。评述谋篇布局的相关技巧等,只有构建巧妙完整的框架才能确保即兴评述的有序进行,才能有主有次地突显表达中心,避免在表达过程出现先后矛盾、语意不连等现象。那么,怎样从整体上考虑即兴评述的框架布局呢?

一、拓展思维,做好布局准备

即兴评述,可以看作人们把内部思想转为外部表达的行为过程,其核心力量就是思维。即兴口语表达的载体是思维,因此,考生思维的高度往往决定了其观点表述的层次,思维的广度则影响着其情感表达的层面。

通常,世间万物都不可能只有唯一的形式,意识是人脑对客观世界的反映,所以意识所接收到的信息反馈往往不是单一或固定的。而思维,既包括了源于客观世界的意识,又融入了浓重的主观色彩,是主观世界、客观世界的高度统一。因此,人与人之间的思维方式不尽相同,每个人的思维角度多种多样,思维本身一直处于变化发展中。那么,在众多思维方式中,哪些较适合应用在即兴评述考试中呢?怎样培养出与众不同的思维方式呢?我们通常采用下述六种思维框架。

(一)形象思维框架

形象思维是用直观形象和表象解决问题的思维。在语言表达中,形象思维可以让语言平添生动气息,而且因为形象思维的具象化会使得语言表达充满细节,这样的细节表述避免了假、大、空的无趣,容易吸引考官的注意。其基本特点是:

具有形象性。即对具体事物进行具体描述。在日常生活中我们可以通过细致描绘今天的天气、朋友的打扮等。

具有想象性。因为要尽可能还原所见细节,让细节显得形象生动,所以需要充分运用自身想象补足细节。例如"天空很蓝"可以通过想象表达成"蔚蓝的天空上飘着零零散散的白云,有了白云的映衬,天空似乎更加晴朗了"。

具有非逻辑性。这是由于目之所及即所要描绘的,所以在语言的逻辑性方面会有所欠缺。

培养形象思维的主要方法:

模仿法。可以多阅读写景叙事的文章,摘抄背诵其中的段落进行语言形象性的模仿,锻炼自己的形象思维。

想象法:经常锻炼自己的想象力和挖掘身边事物的细节,走到哪里、看到什么都可以进行想象拓展,然后落实于表达。

范例 1-2

你最喜欢的花

我最喜欢的花不是富贵的牡丹,不是艳丽的玫瑰,不是清香的百合,而是生命力极强的夜丁香。

它的茎是棕色的,十分坚硬,好像是自卫的武器。它那碧绿的叶子犹如块块透明的碧玉,绿得可爱诱人。在那浓密的绿叶丛中,盛开着一簇簇娇小的丁香花,它们互相偎依,竞相开放,细嫩的柄托着五六片浅绿色的花瓣,片片都小巧纤细,尽力向外舒展,时而露出星星点点的花蕊。

从远处看,这些小花就像在碧空中的一颗颗星,它们挨挨挤挤,闪烁着亮光。要是在远处看夜丁香的花,五颜六色,一丛丛、一簇簇,真像一位高明的画家用各种颜色画出来的漂亮的画。夜丁香的芳香不像蝴蝶花那样浓郁刺鼻,也不像喇叭花那样清淡无味,而是香中带有甜味。

范文分析

其一,表达者根据之前对夜丁香的记忆进行形象化的表达,让考官眼前仿佛出现画面和景色。

其二,细节化的表达让语言富有灵气。运用大量拟人、比喻的手法,让语言生动、形象。

其三,表达者可以慢慢在大脑中回忆花的具体形态,想到哪里说哪里,这样也可以避免紧张情绪,容易集中注意力。

(二)定向思维框架

所谓定向,指按照既定的方向延续。定向思维法,也可以理解为正面思维法,即根据话题给定的方向,严格依据逻辑顺序按部就班地进行正面思考。这是即兴表达中最常规和最稳妥的思维模式,也是我们大脑自动优先运行的思维模式。这种模式具有以下三个特点:

(1)稳定有余,新意不足。

(2)线索清晰,记忆方便。思路严格按照时间、情感、空间、因果、问题等线索顺序先后推进,符合常态思维,便于记忆与表述。

(3)结构简单,容易理解。

这种思维框架一般有以下两种形式:

1. 提问式

提问式又称三段式,即一想主题——是什么,二想理由——为什么,三想办法——怎么做(或下结论)。

范例 1-3

谈宽容

宽容也是一种幸福,我们给予别人宽容,别人回报我们感激和尊敬,它是我们每个人人生中的必修课。

《论语》有云:"君子之道,忠恕而已矣。"李思曾经说过:"泰山不让土壤,故能成其大;河海不择细流,故能成其深。"雨果也曾讲过:"最高贵的复仇是宽容。"的确,人生在世不可能一帆风顺,凡事都斤斤计较,未免活得太累。只有学会宽容别人,才能让心灵不受憎恶的束缚。记得小时候,朋友的父母常常吵架,而我的父母关系一直相当融洽。后来我和母亲聊天时了解到,这些年来他们并非没有矛盾,而是为了顾全大局,时常各退一步就雨过天晴了。正因为他们彼此宽容,才让我们这个小家幸福至今。如果当今社会人人都能有一份宽容之心,一定可以减免许多摩擦,从而真正构建和谐社会。

可见,宽容在生活中十分重要。宽容,是一门学问,值得我们用心领会。

范文分析

其一,开门见山,篇首亮出观点,回答什么是宽容。

其二,引经据典,第二段采用典故论证观点,回答为什么要宽容。

其三，篇中结合自己的亲身经历，让评述贴近生活，更容易引起受众共鸣，也便于自己有感而发。

其四，第三段给出结论：宽容很重要。这便是典型的提问式定向思维框架，又称三段式结构，结构简洁清晰，是最安全的即兴评述布局结构。

2. 叙述式

按照事物发展线索来推进思路，回想还原事物，以此进行交流分享。这种思维结构方式，事件还原清楚，感情丰富，目的性不强。

范例1-4

我的母亲

世界上最温暖的地方，是母亲的怀抱。

自我呱呱坠地，母亲就用心地呵护着我，尝尽辛酸苦楚却没有半句怨言。

小学的我，体弱多病。每当生病的时候，母亲都会终日陪伴在病床旁，无微不至地充当我的"私人看护"。有一次，我凌晨发烧。母亲顾不上向加班的父亲求助，背着我光着脚跑了几里路去医院。迷糊的我眼里看见的都是母亲的无私。

初中的我，叛逆不羁。每当犯错的时候，母亲都会用满含泪水的双眼给我忠告，这种爱的责怨更能让我深刻反思。那时，我总嫌弃零花钱不够用，母亲会为了多给我一些零花钱，自己偷偷地做兼职。

高中的我，成绩倒数。每当气馁的时候，母亲就会不厌其烦地为我鼓劲，她甚至每天晚上停下手中的活儿，陪我一起看书，这种永不言弃的精神便成为我努力奋进的不竭动力。

现在的我，青春自信。是母亲的奉献赋予我健康的成长，是母亲的精神赋予我筑梦的勇气。今天，我站在这里应考，为自己而战，为梦想而战，更为母亲而战！可怜天下父母心，愿天下所有善良的母亲都能健康快乐。

范文分析

其一，选择叙述式的表达结构，有利于边想边说。

其二，以自身成长的时间顺序为线索罗列了母亲为自己做的许多小事，清楚叙述了"母亲伴我成长"的事实，有利于清晰地呈现线索和事件。

其三，这种典型的叙述式定向思维结构的评述，饱含深情，最易于有感而发，娓娓道来，令人动容。

(三)逆向思维框架

逆向思维,也可以理解为反证思维。反证思维是一种数学思维,即变肯定为否定,变否定为肯定;变正面为反面,变反面为正面,它要求从题目的反面进行思考。这种思维方式个性特点更鲜明,思维层次更丰富,应试效果更出众。不过,逻辑严密和思路清晰是运用这种思维的基本前提。这种模式有以下三种常见的形式:

1. 反证到底,引人深思

通篇采用反证的思维方法,不断抛出问题,再证明无解,直至抛出最大的质疑。若论述时逻辑合理、思虑缜密,这倒是一种带有批判精神的科学思维方法。但若处理不当,则可能被认为思想不正。

2. 正反对比,相互映衬

正反对比,指把事件的正、反方面放在同一个天平的两端,不分轻重。表达时,让两种想法相互映衬,形成反差,结论便不言自明了。

3. 以反衬正,升华主题。

以反衬正,是透过事情的负面效应来拔高其正面形象,反面思维服务于正面思维,处于次要辅助位置。鲜明的思维反差能让人为之一振,有利于进行对比明理,升华主题。

范例 1-5

我看网络时代

我身边的许多同学都喜欢上网,他们有的在网上获取信息,有的结交朋友,有的撰写自己的故事,有的游戏娱乐……网络的便捷让我们每一个接触网络的人都感到它的优势所在,甚至有一种离开网络,一切生活将无法进行的感觉。可以说网络时代的我们,正在用网络书写我们的新人生。网络走进我们的生活,进一步讲网络也有可能改变我们的一生。

远在我的老家,有一位残疾的老乡,三年前的一次意外让他永远与轮椅结伴。于是,他借钱买了一台电脑。通过网络的远程教育,他学会了小家电的维修,又通过网络开办了自己的网上修理厂。

近在我的学校,有一位刚上高二的学生,两年前的入学考试,他排在我们年级的前三名,被分到了重点班,可由于迷恋上了网络游戏,走上了偷窃的不法之路。

任何事物都有两面性,关键是你站在什么样的角度去审视它。

范文分析

其一,评述运用了典型的正反对比的逆向思维法,这种思维方法有利于在考场中脱颖而出。

其二,从实际出发,用身边的人和事阐述了网络的两面性,有利于表述的全面。

其三,逻辑清晰,正反面都有所涉及,防止观点武断偏颇。

(四)联想思维框架

所谓联想,就是由某概念而想起其他相关的概念的思维过程;联想思维也可以理解为思维发散,它是三种思维方式中自由发挥空间最大的思维方式,往往只需一个小点就可以衍生出许多新点,具有闻一知十、触类旁通的特性。不过,值得注意的是,联想并不是漫无边际地胡乱瞎想,要以主题或目的作为中心进行扩展。为了避免联想发散过度,一定要在评述中插入少数固定的中心句、段。常见的定点方法有以下两种:

1. 定两头式

如果在联想时,脑中浮现的只有一件主要的事情,不论涉及几个方面,都采用定两头的方法圈住联想范围。所谓定两头,指选择不错的开头、结尾作为整个思维过程的首尾定点,而首尾之间的部分仍然用联想思维自由发散。通常,定两头联想思维无目的性,逻辑性不强。

2. 定段首式

如果在联想时,脑中浮现的不只一件主要的事情,无法取舍,那就果断选用定段首的方法确保联想思维的轨迹发展。所谓定段首,指每段首句为中心句,确定每个小区域的联想过程都围绕一个中心开展。因此,定段首联想思维有目的,有逻辑。

范例 1-6

态度决定一切

态度决定一切,这是美国演说家罗曼·文森特·皮尔的一句名言。不同的态度会让我们对同一件事采取不同的做法,从而得到不同的结果。

一位名叫塞尔玛的妇女随丈夫的部队驻扎在沙漠,丈夫奉命远征,赛尔玛与周围的人语言不通,还要忍受沙漠的高温,这样的日子使她度日如年。她写信给父母,希望能回家,可父母的回信只有几行字:两个人从监狱的铁窗往外看,一个看到的是地上的泥土,另一个看到的却是天上的星星。赛尔玛领会了父母的意思,开始改变自己。她主动和周围的人交朋友,这时她发现他们是那么热情;她还研究起了沙漠的仙人掌,体会到了千奇百怪的仙人掌带给她的无尽乐趣。赛尔玛觉得每天都生活得很快乐。后来她回到了自己的国家,根据这一真实的经历写了一本书,名为《快乐的城堡》,引起很大的轰动。

不同的处事态度会造就不同的人生,坦然面对一切,我们才会变得快乐,所以,态度决定一切。

范文分析:

其一,确定开头和结尾,是定两头的联想思维框架结构。

其二,引用名人典故印证自己对于"态度"的看法,寓理据于事例中。

其三,此类评述的开头和结尾是事先已经想好的,所以最好能在结尾之处联系一下自己的生活实际,升华主题。

(五)聚合思维框架

聚合思维指从已知信息中产生逻辑结论,从现成资料中寻求正确答案的一种有方向、有条理的思维方式。聚合思维又称为求同思维、集中思维、辐合思维和同一思维等。聚合思维法是把广阔的思路聚集成一个焦点的方法。其基本特点:

具有方向性。为了使语言表达的主题更加集中,在聚合的时候就需要找准方向,方向不可太多,否则表达会散乱无章。

具有联系性。运用聚合思维进行的表达是具有内在联系的,围绕着一个确定的主题进行论述。在新闻评论中可以较多使用这种思维。

具有本质性。将材料中可评述的要点聚合成主题是以本质为基础的,本质的抓取与表达者的知识积累、社会经验关系颇深。

培养聚合思维的主要方法:

找到相同点。在众多的材料中找到相似的部分。可以在日常生活中练习寻找共同点的能力。

综合本质点。在找到共同点的基础上挖掘主题,把握共同点的本质。

范例1-7

中国抗击新冠肺炎疫情中的动人事迹

在这场"战疫"中,涌现出很多感人的故事和英雄,而给我留下最深印象的是战役中的女战士们。

有的人或许听到过"她力量"这个词,但是"她力量"究竟是什么呢?接下来我想给大家分享疫情期间我身边的"她力量"。我有一个姐姐即将举办婚礼,作为护士的她决定推迟婚礼,撇下新郎奔赴抗疫战场。我的阿姨也是一位护士,当疫情蔓延时,她立刻放弃了春节假期与家人团聚的机会,第一时间赶赴岗位……

为了"战疫",她们付出了很多,也牺牲了很多。接下来给大家分享一组直观的数据:"战疫"期间,抵达湖北武汉的医护人员一共有 4.26 万名。其中,女性医务人员有 2.8 万,占比 2/3。其实这场"战疫"的特殊性不仅仅在于它的规模,更在于这是人类第一次以女性为主体的"战疫"。而这群女战士面临的考验是什么呢?

第一,是过度劳累的身体。2020 年 2 月 28 日,广西第七批援湖北抗疫医疗队的梁小霞护士因为劳累过度脱水,导致心脏骤停,在离开隔离病区时突然晕倒,经医护人员就地抢救,但最终还是救治无效死亡。

在后来的 20 多天里,关于她的报道很少,但是这些女性抗疫工作者们,值得被提及,应该被铭记。

她们要面对的第二个考验,是家庭中的女性责任。当李敏多次申请调配到抗疫一线时,她面对的不仅仅是一方的阻拦。2019 年,丈夫因病逝世,李敏一个人扛起照顾子女和赡养父母的责任,而此时的她如果选择去抗疫一线工作,不仅生死未卜,对于这个家庭也将造成不小的压力。

但她却说:"丈夫生前做事,事事冲在前,我也不能拖他后腿!要带着他那份责任好好活下去。"最终党组织通过了她的申请。像李敏这样的女性医护人员还有很多,她们奔赴一线,毫无怨言。那么,"她力量"究竟是什么呢?我想,在座的各位或许有所感悟了。在这场疫情中,身处抗疫一线的女性群体,她们,就是对"她力量"的最好诠释。

范文分析:

其一,这道题目是 2020 年中国传媒大学线上艺考的真题,可评述的范围很广,可用素材也很多。此时聚合思维在确定主题方面有着不可比拟的优势。

其二,此次"战疫"中有很多女战士的身影,她们可能是医生,可能是护士,也可能是女记者或者外卖员,她们很普通,但是在这场"战疫"中却处处体现着"她力量"的强大。"她力量"将所有的事例加以聚合。

其三,运用聚合思维有个很大的优点,就是不容易跑题,因为主题会格外明晰。

(六)应变思维框架

《金牌主持人是怎样炼成的》一书中对应变思维的定义是:从实际情况出发,根据时间、地点、人物、事件的变化,依据主持人丰富的知识和经验,对当时的情形作出正确的判断、科学的分析、灵活的创新,及时巧妙地处置突发情况的思维方法。应变思维体现了主持人的灵活机智和敏捷反应,能够有效地化解尴尬,使主持活动顺畅进行。应变思维主要分为主动应变与被动应变两类。其基本特点是:

具有知识性。欲做到灵活应变,表达者的知识储备必须丰富,这样才会为其表达锦上添花。

具有灵活性。其实说错话或者有突发状况是面试的大忌,但是如果可以处理得当,就能让老师看到该学生的可塑性和灵活性。应变思维对于主持人来说尤其重要。

具有巧妙性。如果拥有了应变思维,那么就能很巧妙地应对需要即兴表达的场合,也就会心中有谱地进行即兴表达,不会害怕说错话。

培养应变思维的主要方法:

积累案例法。应变思维是主持人尤其需要的一种思维,业界有很多可学习的案例,例如董卿的救场、汪涵的救场及很多直播记者们的救场话语等。

思考语轮法。在每一次与人的对话中思考话语的轮次,甚至可以录音后整理成文字稿件,看看有哪些规律可循,从而建立自己的一套话语风格。

心理素质提升法。应变是要建立在良好的心理素质基础之上的。而好的应变思维又能够帮助心理素质的提升,所以二者是相互作用的。

范例 1-8

《我是歌手》节目孙楠退赛,汪涵救场

我特别想问一下,刚才您所说的话是您此时此刻内心的所想所感,都是您自己拿定主意之后的观点吗?

好,是这样,既然我是这个舞台的节目主持人,接下来就由我来掌控一下。首先请导播抓紧时间为我准备一个三到五分钟的广告,谢谢!我待会儿要用。

接下来我要说的这段话只代表我个人的观点,而不代表湖南卫视的立场。我从二十一岁进入湖南广电,我觉得我自己身上的很多优点和很多缺点似乎都打上了湖南广电的烙印,包括所谓"没事儿不惹事儿,事儿来了也不怕事儿"。对于一个节目主持人来说,在这么大一场直播当中,一个顶尖的歌手、一个顶梁柱一样的歌手突然间宣布退出接下来的比赛,我想我应该是"摊上事儿"了,甚至是"摊上大事儿"了。

但是说实话,我的内心一点儿都不害怕,因为一个成功的节目有两个密不可分的主体,除了这个舞台上的七位歌手之外,还有电视机前的亿万观众和现场这么多观众。我之所以不害怕是因为你们还真诚地、踏踏实实地坐在我面前，我还可以从各位期待的眼神当中读到你们对接下来每一位要上场的歌手和他们即将演唱的歌曲的那一份期许。我还可以从各位的姿态当中感受到你们内心的那种力量，这个力量足够给楠哥、红姐、给 The One、给李健、给维维、给黄丽玲、给彦斌、给所有歌手，（你们）已经准备好了，会有千万个掌声要送给他们。楠哥，不信，你听。这是我要说的第一层意思。

第二层意思我想表达的是，我虽然不同意楠哥的一些观点，但是我誓死捍卫您说话的权利。所以刚才我并没有试图打断您要说的话，虽然我可以这么做。其实每一位歌手来到这个舞台，他都有权利选择我来或者是不来。当然，您自依着自己认为对的那个心情说出你要离开，所以我相信我们应该尊重一个成熟男人在这一刻作出的决定。当然，就是希望您以一个观众的身份继续坐在这个地方，来看你最爱的弟弟妹妹们向歌王的舞台进军，我也相信我们现场的 500 位大众评审已经做好了准备，用掌声来接纳这位不期而至的观众。不信，你听。

接下来对于我个人而言，一个主持人，我在台上不可能有这么快的反应速度，也不可能有这么大的权利来调整接下来因为楠哥的退出要改变的比赛规则。因为有一个歌手要退出，所以比赛规则都要做相应的改变，所以有请导播在这一刻给我放个三到五分钟的广告，我要跟我们的制作团队、跟我们的领导一起商量，怎么来进行节目上的和赛制上的相应调整。

各位亲爱的观众朋友，真的千万不要走开。还是那句话：真正精彩的时候，或许会从广告之后才开始，马上回来！

范文分析：

其一，这是一个反映应变思维的经典案例。在紧张高压的情况下，汪涵能够条理清晰地说出这段话为节目组赢得时间，体现了他的主持水准和文化素养。

其二，应变思维也是需要框架体系及态度的，而且态度十分重要。从汪涵的救场词中可以看出他对孙楠态度的几层变化。

其三，应变要学会抓住现场的东西，比如汪涵就抓住了现场的观众，既形成了互动，也拉长了时间、引发了广泛共鸣。还有对每个歌手的点名，也是一种抓住现场的体现。虽然即兴评述跟主持是有区别的，但是在应变本质上是相似的。

二、谋篇关键：首尾设置精湛

引人入胜的开头令人产生良好的心理定式，意味深长的结尾令人回味无穷。因此,即兴评述谋篇的关键,在于评述首尾的设置。

尽管"万事开头难",但"好的开头是成功的一半"。美国著名演说家洛克伍德·桑佩曾说:"在整个演讲过程中做到轻松地、巧妙地和听众交流思想是困难的。然而,做到这一点的关键是讲话开头的用字和表达。"可见,开口求胜往往更为重要。如果能在开始就让听众产生一种肯定的心理定式,那么这种心理将伴着他们听完你的整个评述。在考场上,有些考生讲客套话和啰唆话占了很长时间,如:"本来不想考,可刘老师偏要让我考,所以有说得不好的地方请大家原谅""在……领导下,在……号召下,在……帮助下,在……关怀下""这个,这个;那个,那个;嗯,啊,吧"……这些话语没有文采,没有情感,冷冷冰冰,让人听起来心烦意乱。

好的开头应如瑞士作家温克勒所言包含两项任务:一是建立说者与听者的同感;二是打开场面,引入正题。其中所使用的语言要新鲜,忌套话、空话;语言准确,忌大话、假话;语言简练,忌盲话、抽象话。

事实上,讲话开头的方法有很多,或单刀直入,或迂回进攻,或敞开发问,或试探而进。考场中,适用的方法有七种:

(一)开门见山式

一开始就亮出自己的观点,肯定什么,否定什么,批评什么,赞扬什么,和盘托出,清白明了。

《为恺撒辩护》的开场:"我今天来,是来安葬恺撒的,并不是来赞扬他的功德的。我看人生在世'好事入泥沙,坏事传千古',这句话无疑是为恺撒说的。布鲁图斯是一个高尚的人,他告诉你们说恺撒野心勃勃。若果真如此,自然是恺撒的大错。恺撒已死,也算是已偿了他的债了。今天我承布鲁图斯的好意,准我演讲,所以我得在恺撒的灵前说几句话。"

(二)时闻引入式

运用故事、笑话、时事开头吸引听众,或是运用新闻"新奇"的特点,说一则新闻引起听众的注意。

《为了悲剧不再重演》的开头:"去年12月,《青海日报》披露了这样一个事实,一位年仅9岁的小学四年级学生夏雯,因为期末考试两门功课成绩低于90分,竟被母亲活活打死。"

(三)名言引证式

引用名言警句启人心扉,振奋精神。

《人贵有志》的开头:"一个人要有志气。法国生物学家巴斯德在18岁时写过一段名言。他说:'工作随着志向走,成功随着工作来。'这是一条规律。立志、工作、成功是人类活动的三大要素。"

(四)自我介绍式

把自己和评述主题特点相融合,一举两得。

《我的选择》的开头:"我叫汤焱,三点水的'汤',三个火的'焱',一见我这个名字的人都惊讶我为什么如此水火不相容。是啊,我这个人就是好动,难求安静。因此,我考大学时选择了舞蹈专业。"

(五)提问悬念式

运用此法能引起听众的注意,利于评述者控制气氛。

加里宁在《苏维埃国家的全部希望》中的开场:"青年的特征究竟是什么呢?共青团员与普通成年人——譬如说与我比较起来,究竟有什么区别呢?……"

(六)数据辅证式

数据往往更有说服力,用于开头容易让人信服。

罗斯福的一次演讲是这样开头的:"昨天,1941年12月7日,一个遗臭万年的日子——美利坚合众国遭到了日本帝国海空军部队的突然和蓄谋的进攻。"

(七)现场互动式

可以一开始便展示自备物件,结合口语解说给听众以形象、新颖感,快速吸引眼球。

电视购物998手机的开场白:"QQ聊天!手写全触摸!3.5寸超大屏幕!语音读短信!你还等什么?数量不多!限量抢购!现在只剩下35,34,33台了!"

值得一提的是,结尾的方式也许不如开头方式那么多,一般可以采取强调观点、名言励志或是表示祝愿的形式。在评述结尾时,需要考虑如何把评述内容深深留到听众心中。因此,结尾一定要与开头配套起来进行整体布局,并且要设置精巧,以达到事半功倍的效果。

三、注重积累,线索贯穿全局

即兴评述稿件一般分为开头、主体、结尾三个部分。开头处于结构中显要的地位,具有突显亮点的作用;开头后要迅速转入主体,主体是评述的核心部分;结尾自然收尾,一般会再次强调主题观点。在这之中,首尾布局固然重要,但只有线索贯穿评述全程,才能确保评述有序进行。

首先,巧用线索词语进行连接。在评述过程中,建议采用诸如"首先,其次,再次,最后;第一,第二,第三"或是关联词推进全篇起承转合。

其次,选取线索形式紧密衔接。例如,可以采用提问式线索确保层中有中心,采用并列式线索确保段中有中心,采用修辞式线索确保句中有中心等。

最后,评述者应注重积累。一方面,向生活学习,"处处留心皆学问。"生活中到处都是新事、新景、新气象。生活是百科全书,我们要积极去体会,去理解。另一方面,向书本学习。"熟读唐诗三百首,不会作诗也会吟。"书本知识是人类智慧的结晶,是社会历史的浓缩。总之知识越多,评述的线索就越丰富,表达的效果也越好。

第五节　即兴评述的表达禁忌

即兴评述的推进动力是多种多样的,与之对应的禁忌事项也值得重视。

一、不能忽视即兴评述主体的价值

即兴评述涉及技巧较多,往往让评述者应接不暇,因此常常忽视主体价值。评述主体是评述进行的基本动力。在考试中,没有自己的风格,被淘汰在所难免。每年,艺术考生不下十万,就其专业水平而言,差距不会太大。若想脱颖而出,必先与众不同。所以在备考工作中,考生不能忽视自身的价值,要逐步塑造风格、磨炼风格、完善风格,最终成就风格。

首先,正确定位自己,成就自信表达。人无完人,任何人都有长处和短处。给自己以正确定位,就是要充分认识自己的优缺点,从而接受缺点,肯定优点。

在即兴评述者备考中,也许我们总会存在种种无法克服的语音问题或表达毛病,又或者在某个专业考场中表现不理想等。总之,有不足才是常态,不要把时间和心思花在自己缺失的部分上,要设法找到更多优势进行弥补。假使语音不好,就通过独特的表达方式进行修饰;假使心态不好,就用风度翩翩的举止进行弥补等。在即兴评述的考场上,考生只需记住一点:自己才是主体,自己才最重要。

其次,用心打造自己,实现高效表达。

即兴评述的现场控制能力非常重要,在风格培养上同样如此。我们要掌握塑造自己的主动权。《辞海》中把人们相对稳定的个性特点和风格气度定义为气质。换言之,每个人的气质是独一无二的,无关外貌美丑和其他,所以我们都有自我包装的资本。而自我包装的关键在于用心,要把心思放在自己身上,认真地设计与展示自己,做好自己的形象设计师。

最后,形成自我风格,赢取受众好评。

前面两步的积累就是为了在这一步骤收获成果,自信地把自己"推销"出去,形成自己独特的风格。

人如其面,各有不同。男女有别,长幼有分,高矮不等,美丑有异。俗话说:"尺有所短,寸有所长。"每个人都有自己独特的个性,只要稍加留心,就都会发现自己的长处,就能利用自己的个性形成自己的风格。评述创作的风格可以多种多样:要么雄阔俊伟,激越高昂,表现出一种豪放的美;要么内涵丰富,寓意深远,表现出一种含蓄的美;要么出神入化,绮美绚丽,表现出一种绚烂的美;要么清新自然,朴实无华,表现出一种质朴的美;要么肃穆典雅,沉稳严谨,表现出一种庄严的美;要么多姿多彩,错落有致,表现出一种秀丽的美……总之,成长了这么久的自己,一定有很多的可取之出,找准长处、推销自己绝不是自负炫耀,而是成长的分享,是进步的基础。

因此,在即兴评述考试中,即使没能学好本编的相关技巧,没有做好在中下编将会提到的相关积累,但只要充分发挥自身的主体价值,同样可以取得成功。准确定位自我风格,是即兴评述推进过程中不可或缺的重要步骤。

二、不能滥用即兴评述谋略

尽管即兴评述的技巧众多,但是考生不可滥用,要把握适度原则。准确运用技巧的前提是理解技巧内涵,这就要求考生不能仅仅死记硬背,要真心喜欢,才能领会内涵,从而灵活运用。可见,贯穿即兴评述技巧学习的潜在动力,即趣味二字。

电影《中国合伙人》中提道:"梦想,就是坚持让你觉得很快乐的东西。"事实上,只有享受其中,才不会半途而废。这就提醒我们在即兴评述备考过程中,要善于认识和挖掘其趣味所在。为了提高学习效率,不滥用技巧,在学习积累中应做到以下两点。

一是"不让我的问题陪我过夜"。问题无处不在,及时解决问题会增加成就感,进一步提升我们的学习兴趣;反之,累积越多问题,就拥有越多压力,压力过大,必然会扼杀学习兴趣。大众心理学研究称,人们只对自己已经了解的事情感兴趣,并且懂得越多兴趣就会越浓厚。

二是"你怎么舍得让我难过"。美国教育学家布鲁纳强调:"对学习的最好刺激乃是对所学材料的兴趣,而不是诸如等级或往后的竞争便利等外来目标。"在即兴评述的学习中,考生完全可以从素材的积累方面入手,在大脑里多储备一些自己感兴趣的、有意思的评述素材,类似本书中编所列名人名言、小故事等。快乐学习,方能高效持久。

三、不能定位模糊,不明就里

在即兴评述中,定位非常重要,包括自我风格定位、现场定位、性别定位、主题定位等。如果不明就里,定位模糊,即兴评述就难以取得理想的成绩。

就性别定位而言,男女有别。通常,男生评述时要做到:声音洪亮,内容理性,言语豁达,动作潇洒,感情丰富。男子汉应有男子汉的风采,男子汉应有男子汉的气质。男性粗犷开朗,坦率自然,决定着其演讲语言干脆利落,豪迈奔放,信息丰富,旁征博引,往往有一锤定音之势。绝不能患得患失,结结巴巴,吞吞吐吐。男性评述的语言还有一个最大的特色——幽默,诙谐幽默的言辞中露出反讽的锋芒,富有战斗性。

就内容而言,男生重理性,女生重感情;在动作方面,男生举手投足都应当稳重、洒脱,女生则可以高雅大方、活泼可爱、亲切自然。通常,女生的讲话一般以事明理,感情充沛。优美得体的打扮,温柔端庄的气质也是吸引受众的要点所在。因此,与男生评述相比,女生的语言应显得细腻、丰富、流畅。女生感情丰富、多变、热烈、细腻,她们对评述内容的把握很精心、很投入,能真实地体现各种感情,或致以亲切动人的问候,或诵以优美悦耳的诗章。其中不乏轻言细语,娓娓道来,像春风沁入听众心扉,时起时伏,余音袅袅,让人回味。

即兴评述涉及技巧的运用和知识的积累,要想达到灵活自如的境界,平时需要加强态势语的设计和训练。考生提高应试水平的有效途径就是"抓主线,抓要素",不要触及禁忌底线。第一,上台动作幅度不要太大,表情忌高傲;第二,仪表打扮不要太耀眼时髦;第三,鞋子不要有铁掌之类,以免给人太大刺激令人生厌;第四,不要自吹自擂;第五,开场白不要太客套而有虚伪之嫌;第六,忌讲大话、空话、假话;第七,忌过度"卖关子",惹人反感。总之,考生可以借由本章表达思路,拓展发散,主动有方法地提高学习效率,为通过专业考试打下全面坚实的基础。

第二章　即兴评述心理谋略

埃默逊说："世界上没有比被恐惧击败的人更多的了。"据统计，大多数的人都害怕在台前说话，害怕导致紧张，而紧张会使说话者脉搏加快、呼吸急促、言不由衷。在即兴评述的时候，考生由于身处特殊的考试环境，不免会产生胆怯、害怕的心理，以致失去自控能力。

其实，人人都会紧张。美国心理学家曾经选取三千人做心理测验，问题是：你最担心的是什么？尽管答案多种多样，有死亡、双目失明、丧失亲人、疾病、面容被毁、离婚等，但约有40%的人都担心在大庭广众之下讲话。可见，怯场是一种普遍的心理状态，若是有人全无紧迫感和压力感，反而不正常了。

多数人都会怯场，只要考生能认识到这一点，自然不会太紧张。美国演讲家詹宁斯·伯瑞安初次上台演讲时两膝盖颤抖地碰在一起，美国幽默讽刺作家马克·吐温第一次演讲时口中像塞满了棉花，印度总理英迪拉·甘地初次演讲被称为"不是在讲话而是在尖叫"，古罗马雄辩家西塞罗最开始演讲时面色苍白且四肢颤抖，英国首相温斯顿·丘吉尔最开始演讲时被喻为"心窝里似乎塞着一块厚九寸的冰疙瘩"……那些成功的演讲家也是经历过多次上场锻炼的。丰富的经验能帮助讲话者克服怯场心理，减少紧张之感。

本章从即兴评述心理概述、即兴评述心理调适、即兴评述情绪控制、即兴评述情感推进四个小节展开论述，力求运用即兴评述的心理谋略，全面推进即兴评述的进行。

第一节　即兴评述心理概述

心理是指生物对客观物质世界的主观反应，心理现象包括心理过程和人格。通常,人的心理活动都有一个发生、发展、消失的过程,按其性质可分为认识过程、情感过程和意志过程,简称知、情、意。心理是一种微弱、平静而持久的带有渲染性的情绪状态,往往会长时间影响人的言行。

心理现象人皆有之,在一定意义上,即兴评述的人格并非独立存在的,而是通过心理过程表现出来的。所以,考生先不必担心评述稿写得怎么样、评述观点是否新颖、评述角度是否独特、评述材料是否精当、怎样灵活自如地运用表情、姿态、动作,而要先讲究心理谋略。

在生活中,人们会因自身容貌、身材、地位、阅历、能力、体力等因素产生自卑心理。在即兴评述考场上,这种自卑心理会被放大,考生要避免自怨自艾、唉声叹气,在心理战略上取得初步胜利,保持住向上的精神风貌,才能赢得考官好感。

在考场上,紧张是常见的一种情绪,表现为:心慌意乱、颠三倒四、口干舌燥、喉咙发紧、声音发抖、表情尴尬、动作笨拙、出汗脸红、不敢正视听众、搔头摸耳、卷衣角、抹发梢、说错了吐舌头等现象。表达者过度紧张的根本原因是受到外界刺激后情绪失去平衡,产生情绪波动,从而引起有机体呼吸、循环、腺体、心脏、肌肉等一系列的变化,导致语言与行动的稳定性与协调性下降。其实,如果我们能正确认识和分析紧张,就能够更好地把控评述过程。

第一,弄清什么是紧张。紧张表现为心慌意乱、颠三倒四、口干舌燥、出汗脸红、心跳加速、语无伦次等。

第二,分析为什么紧张。紧张是因为考生过于渴望即兴评述的成功而产生的一种自我压力,评述时由于考场气氛过于严肃,考生往往会产生一种胆怯害怕的心理,从而无法自控,表现出紧张的状态。

第三,明白紧张了该怎么办。克服紧张有三种方法:一是运用深呼吸法,深深呼吸、微闭眼睛、放松全身,心里默默数数,这样可以使血液循环减慢,心神就会安定下来,全身产生一种轻松感。二是运用情绪转移法,专注凝视某一事物,并去分析它的形状,观察其特征,有意淡化所处环境。三是运用情绪认知法,若能认识紧张的本质,灵活应变也就容易多了。

第二节 即兴评述心理调适

在即兴评述考试中,考生的恐惧心理源于过早地渴望成功。究其原因,或是因为对自己缺乏自信心,担心自己评述失败而自卑;或是对评述稿整体把握不够,出现前后矛盾;或是无法适应即兴评述的环境,受现场干扰不知所措。因此,调适好心态对即兴评述而言很重要,可以结合以下两个方面做好调适,克服心理恐惧。

一、降低心理预期

日本播音界元老、著名演讲家相川浩名声在外,多次应邀参加演讲。听众们对于知识广博、风度翩翩的他寄予厚望,会用录音、录像、做笔记等方式给予他高度的关心和注意。其实,这给他造成了沉重的心理压力,让他特别担心有负于广大听众,常常受困于严重的紧张情绪。后来他就告诫自己:"和整个宇宙、人类历史、全世界人口比起来,相川浩的演讲微不足道,不管有没有出错,都不足以构成问题。别人并不像自己这样关心自己,不管对方是董事长、上司或一大群人都没关系。因为每个人都是父母生养的,都各有你不知道的苦处。那么,为什么要为他们而害怕或紧张呢?"如此想来,他胸口的闷塞感就自动消失了,肌肉不再僵硬了,心跳恢复正常了。可见,降低心理预期能帮助人克服生理紧张。

如何降低心理预期?

第一,弱化考官的反应。

出于对考试结果的期望,考生在即兴评述过程中会特别担心出错。所以,考生往往会高度关心和注意考官的态度,因此给自己造成了巨大压力,困于严重的紧张情绪之中。实际上在考试过程中,考官可能没有考生想象中那么关注自己。既然如此,考生又何必过于在意考官的反应呢?

第二,预设最坏的结果。

考试前,预设自己的失败结果,并做好承受的准备。其实,预设最坏的结果,做最大的努力反而能获得更理想的效果。有了这样的思想准备,便能坦然地接受最恶劣的打击,没有了心理压力,就不至于面对突如其来的结局而慌了手脚,甚至失去讲话信念。

至今为止,世界上任何演讲家都不能一开始就在众人面前畅所欲言。每个成功者都是经过千百次的训练、千百次的实践才提升了自己的水平。容忍自己的失败,不只是心胸宽广的气度之举,更是评述成功的必要心理准备。

二、自我心理暗示

自我心理暗示会让你评述前的自卑感荡然无存。科学研究表明:百分之九十以上的人都为自卑而苦恼。卡耐基说:"路是可以开拓出来的。"美国俄克拉荷马州参议员汤姆士小时候是一个瘦瘦高高、弱不禁风的人,他感到十分自卑。考上大学后他受命参加一次演讲比赛,这个平时面对一个陌生人都不敢开口的人突然之间要面对众多的人,他感到焦急万分。但母亲这样指导他:"病弱的身体可能会一辈子跟着你,所以你要用头脑来取胜啊!好好努力吧,会成功的!"他采用了自我心理暗示,结果取得了第一名。自我心理暗示方法虽然很简单,但运用得当的确实有效,它能使评述者立刻"热起来",也能立刻"冷下去"。

首先,认同自我。

人无完人,各有其优点与缺点。于是,人类个体需要全面分析自己,正确定位自己,从而接受自身缺点,肯定自身优势,在关键时刻运用优势取得胜利,真正做到"不以优越而自满,不因缺失而迷惘"。调适心态的第一步就是做到充分地肯定自己,相信自己的独一无二和与众不同,相信自己有找到成功技巧与方法的能力,充分肯定自己长期以来所作出的努力,以此作为进步的动力源泉。

某位知名的演讲者曾说过:"当时的我,过着毫无希望的生活,装出一副讨厌见人的样子,因此被称为怪人,但我反而觉得这样好极了呢!"可见,初上场的评述者要相信自己,认同自己的个性美。回到即兴评述备考中,也许我们总会存在各种无法克服的语音问题或表达毛病,又或者出现表现不理想的情况。总之,有不足才是常态。在考场上,考生只需记住自己才是主体,展现才华不如彰显个性。

其次,完善自我。

每个人的气质都是独一无二的,无关外貌美丑和其他,所以每个人都有打造自身的"原材料",要善于抓住"打造自己"的主动权。《辞海》中把人们相对稳定的个性特点和风格气度定义为气质。气质由心而发,各有特点,打造自己的秘诀在于用心。考生只要在备考中在完善自我方面作出巨大努力,在心理上就会有充实感,在考场上也会有底气。

最后,展现自我。

前两步的积累就是为了这一步——自信大方地展示自己。事实上,推销自己绝不是自负炫耀,它是成长的分享,是进步的阶梯。每个人都有独特的优势,所以肯定自己和打造自己之后,何必害怕把自己展示给他人呢?在备考和考试过程中,考生可以不断给自己心理暗示,对自己说:"只要勇敢地走上讲台就完成任务了""大家都一样""错了也没关系""听众有时不会太在意的""潇洒地表现一回又如何""紧张是胆小鬼的行为""大不了就是最坏的结果""充满信心吧"……总之,不断自我暗示可以大幅度降低我们的心理恐惧。

此外,心情紧张时,不应使自己从头到脚都焕然一新。因为当人对身边的环境越是生疏和不适应时,这个环境就越像一道壁垒将我们排挤在外。同样的道理,在即兴评述时最好穿八成新的衣物,会比崭新的衣物更容易稳定我们的心情。

第三节 即兴评述情绪控制

情绪紧张会引起腺体与内脏器官的变化:唾液分泌减少,身上大量出汗,膀胱扩充引起尿频现象;会导致评述者声音干瘪,响度减弱,思维被打乱,记忆清晰度降低。另外,情绪紧张会引起循环系统的失控:心跳次数加剧,血压升高,全身肌肉缩紧,四肢颤抖,导致表情呆滞,难以传神;手势动作僵硬,姿态死板,感情难以表达出来。

通常,即将开口时紧张情绪最强,一旦开始评述,紧张程度反而会减轻。我们常听到别人说:"刚开始时我紧张得不知怎么办才好,可一上场开口说,倒不怕了!"此话说的就是这个道理。情绪紧张谁都会有,为了减少自己的压力,为了融洽与听众的关系,我们可以采用以下方法控制自己的情绪,以缓解即兴评述中情绪不受控制的情况。

一、坦然承认自己的失败

其实,听众反而会对失败的人产生同情、给予帮助。承认失败意味着不会有过高的希望,这样就可以更安心和无压力了。

表演艺术大师博利舍特有次为同行讲述朗诵艺术课。由于太急,他上台时把教案夹掉在开水瓶上,开水瓶炸了。下面传来了嬉笑声,博利舍特心为之一紧,言行似乎更加笨拙了。他停了一会儿,这样说:"对不起,面对诸位,我很紧张。上台之前就腿发软,脸发麻;走上台手发慌,肉发跳;没想到打坏了热水瓶,此时就更是声发颤,心发抖了,看来我没必要在这里站着说教,我们还是采取座谈的方式吧!"自嘲的话语换来了听众热烈的掌声,在一阵轻松的笑声中,博利舍特开始讲课。

这种方法是建立在实验心理学鼻祖冯特的内观法之上的,即冷静地观察自己的内心世界,客观真实地报告自己的观察结果,连续不断地用言语把自己的心理活动清晰地表露出来。一旦把紧张不安的心理用语言明确地表述出来,心理上的重负就解除了。

二、顺其自然地流露真情

评述者的感情要真实、自然,避免过激和冷漠等不良情绪。村山片郎是日本一位有名的演员,年轻时他有一个很不好的习惯,用他自己的话说是喜欢"怒发冲冠"。每次碰到不合作的观众,他总是"愤怒至极""恨不得捶他两拳",但每次演出之后,又懊悔不已。他反省并告诉自己一定要刻苦学习,提高演技,希望能找到一种方法来克服那种"怒发冲冠"的过激情绪。后来他在老师的指点下克服了这个毛病,演出一次比一次成功。考生可以适当地把村山的方法借用到即兴评述中来,运用发自内心的微笑来消除过激与冷漠等不良情绪。

三、利用联想避开心理险境

进行即兴评述时的最大压力源于受众,太在乎现场的反馈,往往令评述者产生恐惧。所以,评述者可以把受众假设为是"一无所知"的,这样就可以信心百倍地开始讲话。这是著名物理学家、化学家法拉第告诉青年演讲爱好者的演讲秘诀。

一次,一个演讲新手要去向一些在学术界很有名望的人演讲,他向法拉第请教:"什么是我可以假定听众知道了的东西?"对此,法拉第直截了当地回答:"他们一无所知。"即兴评述时也可以把听众假设成"一无所知"。因为听众"一无所知",所以不完美也不要紧。而面对"一无所知"的人展开评述,我们可以不必担心评述稿写得怎么样、观点是否新颖、角度是否独特、材料是否精当,可以放心地、大胆地表达,由此建立评述的勇气,避开怯场心理。

四、言行缓慢缓解紧张情绪

在即兴评述考场上,使用我们平时不习惯使用的言行举止展示自己时,语速越慢越能缓和情绪,尤其是开讲时更要慢点。新闻播报的标准语速是每分钟250—300个音节,即兴评述的语速则要慢些,把握好开场的那段时间,之后的评述表达就会更加稳定。

例如,恽代英面对大众讲话时,首先大笑三声,在豪爽中体现出一种平稳;里根演讲时,首先向听众送去的是会心的微笑,微笑之中有祝福、有问候、有感激。归纳而言,评述中要注意以下四点以确保评述慢而稳地有序进行。

第一,不要气喘吁吁地上台。上台之前深呼吸,行礼后稍停再开始评述,第一个字不要吐得太快太高。

第二,一句话讲完之后要停顿,停顿时不要加入一些无意义的词,以免紧张。

第三,每个字要归音到位,包括轻声、儿化、轻重格式、语流音变、声调等。

第四,动作有配合、有过程,不要大起大落、突断突连、前后不协调。

即使在生活中，节奏急促也会增加人们的心理焦虑。考场上考生语速过快会让自己更加紧张，从而时刻处在一种着急的心情之中。因此，考生不妨放慢节奏，使自己恢复平时沉着的状态再进行评述。

五、收放自如地控制情绪

在即兴评述中，评述者要控制感情，对整个过程立体把握，协同处理；既有冷静的分析，又有热情的鼓励；既要有怒有喜，又要有爱有恨。考生要从评述前开始调控情绪，确保感情及时到位。

即兴评述都有一个明确的主题要求，围绕这个主题就会有一个情绪范围，不能过度。比如恩格斯的著名演讲《在马克思墓前的讲话》为听众构筑的情绪场是悲伤、低沉、引人思索的。而尼克松在1972年访问中国时，在答谢宴会上的祝词则显得热情、轻松、向上。评述之前，评述者一定要采取有效的措施，把自己的心理状态调节到规定的情绪场景内，注意评述情绪到位。

评述前考生要围绕主题酝酿感情，排斥与主题不协调的情绪。评述开始时，与主题无关的情绪统统不能带入，要能收放自如地控制自身情绪发展。

六、物理疗法，辅助情绪控制

即兴评述考试之前，适量摄入饮料、含酸的物质可以消除紧张。其实，紧张不仅是心理现象，也是一种自然的生理现象。紧张的时候，处于心脏下部的横膈膜会上升，致使腹肌僵硬、失去控制，沿着脊椎骨的交感神经和副交感神经因为受压而使全身僵硬、减少唾液分泌、口干舌燥。这时适量摄入饮料、含酸的开胃物质，可使身心爽快、轻松。因此，考生在考前可以备一小杯接近人体温度的白开水或淡茶水，夏天可饮用冰水、淡盐水。也可以备一些酸梅之类的开胃食品，它们可以使唾液增加，保证喉部润湿，使干燥的口腔分泌唾液，紧张的心情得以平复。

第四节　即兴评述情感推进

即兴评述要能引起听众的共鸣，然后在此基础上教育人、感化人。列夫·托尔斯泰说过："话语应做到将自己体验过的感情传达给人，而使别人也为这感情所感染，也体验到这些感情。"这就要求评述者运用方法疏通与听众之间的情感通道。让听众不仅仅能体验到演讲者的情感,或哭或笑,或悲或乐,而且能把这种体验深化为"自发的感情"。

一、表达亲切,拉近受众距离

在即兴评述中,评述者要把与受众的心理距离缩短些,以求达到心理上的相互融合。许多初次上场的评述者总是不自觉地把自己摆到"唯我独尊"的高位,喜欢起高腔、发口号、给命令,这样就难免会把自己与受众对立起来,使受众与评述者之间产生一道不可逾越的鸿沟。

有位演讲者曾参加"交通安全在我心中"主题演讲比赛,呼吁人们理解交警。他是这样结尾的:"朋友们,在此,让我们大家一起向我们当代最可爱的人——人民交通警察深情地道一声:'辛苦了,祖国和人民谢谢你们。'"

这里呼吁的运用不是命令式的,而是把自己与受众拉到了同一位置,受众容易为之振奋。众所周知,评述并不能只着眼于个体,而应立足于广大受众。要特别注意受众的社会地位、政治身份、文化程度、兴趣爱好,把自己的观点控制在受众的实际接受范围内,以求达到最大限度的心理接近和情感相融。

二、动作亲昵,消除受众戒备

面对陌生受众,要运用亲和的表情和亲昵的动作,与受众"打成一片"。

在即兴评述中,考生可以运用亲切的表情、柔和的目光、轻松的微笑与受众交流,或者讲些幽默的故事、逗人的笑话引受众发笑,调动他们的感情,感染全场。

李大钊有次到大学演讲,大学生们早已正襟危坐等在下面。本来主持人为他准备了桌子、椅子和热茶,他却要主持人把这些全部搬走,说:"同学们这样热情来听我的演讲,我希望我的演讲一开口就能走进大家的心田,我们之间不能有任何阻隔。大家说对吗?"台下响起热烈的掌声。李大钊走向学生,与他们站在一起,搭着前排一位同学的肩膀,热情洋溢地开始了演讲。可见,亲昵的动作可以消除受众的心理戒备。

三、感情浓烈,贯穿表达全程

无论进行什么类型的评述,都要让感情贯穿评述的全过程。浓烈的感情能让评述听起来振奋人心。要保证感情的真挚,不能前后不一,弄虚作假。这就要求评述者性情豪爽,话语坦率,推心置腹,以真换真、以诚对诚、以爱求爱,讲出真情实感,做到"未成曲调先有情"。

同时,评述者必须与听众一起感受喜怒哀乐,不掩饰、不回避,对真、善、美热情讴歌,对假、恶、丑无情鞭笞。使听众闻其声、知其言、见其心,达到感情上融合,思想上共鸣,认识上一致。总之,评述者在影响听众时,也受到听众的影响,双方共同进行心理情感的交流。

四、借助外力,推进感情发展

借助外力,一是可以运用音乐调动法,即用具有浓厚感情色彩的音乐来打开听众的心扉、活跃听众的思维,使人感到轻松、舒适和兴奋。二是运用诗词朗诵调动法,即用朗诵诗词的方法使听众如临其境、如见其人。三是运用引笑调动法,即评述前可以开开玩笑、看看漫画,努力把自己逗乐,以轻松、兴奋的心情开始评述。

诚然,评述者需要根据评述内容有不同的情感变化,但万变不离其宗。下面介绍一些简单而又具体的物理方法控制、调动情绪。

(1)深呼吸法:找一个比较安静的地方,站立,眼微闭,全身放松,深呼吸,同时默念"1——2——",这样可以使血液循环减慢,心神安定下来,全身产生一种轻松感。

(2)扮怪脸法:找一稍偏僻的地方扮怪脸,歪嘴扭唇,抬鼻斜眼,放松脸部肌肉。如能面对小镜子看到自己的古怪神态,一定会忍俊不禁,一切杂念都会消失。

(3)临场活动法:由于正常的紧张情绪会使体内产生大量的热能,所以考生可以在考试前稍稍活动,使热量散发。可走动、小跑、摇摆、踢腿;可双手握紧再放开,让全身肌肉缩紧再放松;可在评述过程中用力拧一下身体的某一部位。这样压在心中的紧张情绪就立即转移到其他地方了。

(4)闭目养神法:闭目,舌抵上腭,以鼻吸气,安定心绪,可以设想一个人走在幽静的森林里,恬然自得。

(5)凝视法:确定一个距离较远的明朗的物体,凝视它并细心地去分析它,琢磨其颜色、大小等特征。

(6)漫画消遣法:可翻翻夸张、逗趣的漫画作品,促使心情放松、情绪高涨,恢复自信心。

总之,良好的情感能驱逐恐惧,排除杂念,消除惰性,实实在在地推进评述表达。

第三章 即兴评述表达技巧

在播音主持艺术考试中,表达就是基础,表达失败就等同于考试失败。在考场上,面对同样的话题,表达基础好的考生至少能够做到语言流畅、完成考试任务,而表达基础弱的考生则极有可能结结巴巴、不知所云,直至考试中止。可见,即兴评述的完整呈现离不开表达技巧的辅助。其中,语言表达非常重要,整体来说,表达要注意语言精练、语意明确、表述自然。

即兴评述的表达不能像生活口语那样轻松随意。它主要诉诸听众的听觉和视觉,要求考生掌握良好的口语表达技巧。尤其在考场或舞台等特定环境中,评述者受到来自话题、时间、环境、反馈等现场因素的限制和压力,如果没有表达技巧作为支撑,很难确保评述顺"意"进行。因此,即兴评述的表达技巧训练是考生备考过程中不可缺少的重要环节。

第一节 规范的口语表达

一、妙趣横生的谚语、歇后语可使表达意境更加丰富

谚语、歇后语是经过人们长年传诵、千锤百炼丰富起来的。它们寓意深刻、韵味隽永、结构固定、朗朗上口,用它们来形容、描绘事物形象生动、诙谐幽默。听众听来如饮甘泉,如嗅芳香。

例如,"行得正,走得直,身正不怕影子斜。虽然他们受到了一些人的诬蔑,虽然有时不被理解,但我们相信,路遥知马力,日久见人心。他们的辛苦、他们的付出是会得到人们的理解的。"这里的谚语,顺情入理,很有说服力。在评述中,妙用谚语、歇后语,

能使表达更加生动。

不过,谚语、歇后语不能用得以太多。尽管使用它们有俏皮感,但用多了就略显轻佻。尤其是评述严肃主题时要少用,否则会冲淡主题,使之庸俗。同时,要用得自然、完整,与正文融为一体。

二、重复手法可以加强语势和表达力度

所谓重复,就是用相同的言词复述某一观点或某一句话。重复分为重复语词和重复叙述两种,前者是对相同语词的重复,后者是运用不同的语词重复同一观点或内容。使用重复手法,可以增加感情的强度,加大表达的力度,强化评述的节奏。对于特别要强调的字词和感情可以采用重复的方法去表现。

三、双重否定和反问句强化肯定

反问是用疑问形式表达确定的思想内容的一种形式。反问寓答案于问句之中,思想内容恰与字面意义相反。在评述中,用好反问句能加强语势,把意思表达得更加鲜明。因为反问句带有感叹语气或疑问语气,比正面陈述更有力量,更能唤起听众的思想和激情,所以有很强的感染力和鼓动性。

设问与反问经常连用,设问、反问与排比、递进、感叹经常套用。如古罗马演讲家西塞罗的《第一篇控告卡提利那辞》的开场白:"卡提利那,你任意地滥用我们的耐心还要多久?你疯狂地嘲笑我们何时才了?你肆无忌惮地炫耀自己的无耻行为有无止境?"表述者将设问、反问、排比、感叹、陈述多种句式融为一体,可使感情更加强烈,气势更加宏大。在评述中,巧妙地用好双重否定也可收到强调的效果。

四、运用讽刺揭露丑恶或隐含批判

在评述中,常有批评错误、讽刺异端、揭露丑恶、针砭时弊的情况。面对某些负面内容不好直言不讳、锋芒毕露,只能运用含蓄委婉的语句以藏锋芒、避气势,让对方去琢磨"弦外之音""言外之意",这就是隐含批判。

有一次会议中,比彻尔滔滔不绝地讲着。一个喝得醉醺醺的人在下面故意捣乱,学公鸡叫。比彻尔镇定自若,看一下表,说:"怎么回事?难道天要亮了吗?我简直不敢相信。然而低等动物的本能是不会错的。"这种隐含性的批判,使故意捣乱者无地自容。

五、忌用口头禅重复表达语意

口头禅会影响听众的情绪,削弱表达效果。因为反复出现的口头禅会破坏语句结构,使语句断断续续,前后不贯通。每一次口头禅的出现,就等于一次切割,把整个评述切得支离破碎,给人一种断续、离散之感。口头禅是一种结构固定、表达雷同的言语模式,听来平淡、枯燥。有人把口头禅比喻为"语言的肿瘤"。考场上较为常见的口头禅有"好像""也许""说不定""大约""怎么说呢""这个那个""那么""嗯"……这些口头禅都会阻碍评述顺畅进行。造成口头禅的主要原因是词语偏用、语汇贫乏、习惯模仿。评述者要力戒口头禅,具体方法是一字不差地记住讲稿,形成稳定的言语定势,或是在语音停顿处用空拍去代替口头禅,也可以用录音机录下评述内容,进行自我纠正。

六、用简洁自然的口语清晰表明语意

评述者借助口语发出信息,选词要准确、简洁、规范、和谐,最忌空泛。口语与书面语之间有较明显的差别。有人说,书面语可以最后被理解,而口语则需立即被听懂。与书面语相比,口语要求表述自然、语意明确。

(一)句式短小规范

即兴评述稿不宜过长,评述时要适当控制时间。不宜使用过长的句子,可巧用"但是""除了"等关联词使表达完整。表达语言不在于多,而在于精;要尽量避免深奥生僻的词语。

(二)通俗易懂和谐

即兴评述要让听众听懂,如果讲出来谁也听不懂,那么这次即兴评述就失去了听众,因而也就失去了作用、意义和价值。在表达中,要使用常用词语和一些较流行的口头词语,使语言富有生气和活力。同时,语言要朗朗上口,生动流畅。选用双声叠韵词、叠音词,押韵合辙,平仄相间,可以增添即兴评述的音乐美、节奏感。

(三)简洁明了

在即兴评述中,最好不做精确列举,不提太大数据或较复杂的事件。列宁说过:"应当善于用简单明了、群众易懂的语言讲话。"应用普通、明晰、通畅的语言评述相关

内容,而不要刻意追求华丽、难懂生僻的语言。

(四)表意准确清晰

即兴评述一定要中心明晰、准确。讲稿使用的语言一定要直接、确切地表述观点,揭示现象与本质的关系。首先,要对表达的对象熟悉了解。其次,要做到概念明确,判断恰当,用词贴切,句子结构合理,直接表达个人倾向。例如:

(1)朋友们,我们要向钱看,但也要向前看啊!
(2)期终考试快到了,我们的神经又得绷紧点!
(3)明年暑假我们全部去南海。
(4)去年市计委下达了新的指标。
(5)一厘米有两粒米那么长。

以上几句话听来都可能产生歧义,第(1)句可适当解释一下,第(2)句"期终考试"易与"期中考试"混淆,可改为"期末考试";第(3)句"全部去"易听成"全不去",可在"去"字前加"都"字;第(4)句"计委"易听成"纪委",可以说全称;第(5)句易听成"一厘米有两厘米那么长",可把"两粒米"改成"两粒大米"。

为了使即兴评述的语言规范,我们可以使用"显而易见""依我看来"等句型帮助理清思路。容易让人听混的地方要尽量表达清楚或换一种说法,不能给听众留下"死角",口语表达转瞬即逝,听众只能在很短的时间内对评述的内容进行理解。一旦产生模糊、歧义、误解等现象,将严重影响评述的进行。因此,评述者在正式开口之前要字斟句酌,分析哪些地方是听众听觉的"盲点",尽量使表达语言简洁明了。

第二节 灵活的语势基调

心理学家认为,人听讲话时的注意力,每间隔五至七分钟就会有所分散。因此,评述者要适度地使评述起伏张弛,确保评述过程错落有致。如果用一根线来描述评述的进程轨迹的话,这根线不应是直线,而应是具有变化的曲线。这里主要强调评述基调的定位和语势变化。

其中,语调要有高低起伏,速度要急徐相间,做到事实与道理相交,议论与抒情互见,严肃与轻松共存,快速与徐缓交叉。同时,做到快慢得当。快慢即表达的速度。而快慢要看对象、看场景、看内容,做到快而不乱,避免含混不清;做到快而不拖力,避免松松垮垮。总体来说,要当快则快,当慢则慢,快中求慢,慢中有快,快慢稳当。因此,评述者要对基调和语速进行全面设计,在符合表达逻辑的前提下,做到有张有弛、有急有缓、有断有连、有起有伏。

第一,确定基调宜从平缓开始。

一上场就激情昂扬,大喊大叫,从头到尾都很"慷慨",讲到高潮处更是放声大笑,纵情歌唱或跳舞;或者如死水一般,没有起伏,没有变化,听来叫人昏昏欲睡,都是评述者基调把握不准的典型现象。因此,基调的确定应从平缓开始。要注意的是引用文要与行文完整统一,切忌胡拼凑,乱贴标,否则给人以生硬、做作之感,甚至叫人莫名其妙。

第二,巧用语调把握语势进程。

即兴评述要能使听众产生一种"爱之欲其生,恨之欲其死"的心灵共振。评述者的情感应是炽热的,要情发于衷、情动于衷、情富于意、情融于理。而感情的阀门与流量,可以通过语调的停连、轻重、快慢、升降技巧,或是语气等来控制。

巧用语调技巧能表达出丰富多彩的情感,如时而轻言细语,仿佛春风拂面;时而声沉语缓,类似潺潺流水;时而汹涌澎湃,如临大海扬波;时而如泣如诉,好像秋雨绵绵……不同的情感有不同的语调语势。例如,喜悦、激动、亢奋、紧迫等感情可运用快速、重音、升调、停顿、短句、轻松的方式来表现;而悲伤、思索、从容、深沉、庄严等感情可以运用轻读、降调、慢速、长句、沉稳等方式表达。具体如下:

(1)"喜"的感情:气息充足,声音甜润,速度偏快,发声略重,笑肌提起,发音靠前,给人兴奋感。

(2)"怒"的感情:气息粗重,音量增大,语速迅猛,声音沉重,有种震慑感。

(3)"爱"的感情:气息柔缓,声音自如,快慢适中,轻重平稳,给人亲切感。

(4)"恨"的感情:气息粗厚,出声生硬,音快气猛而多阻塞,有忍无可忍之气,语速偏快,有挤压感。

(5)"悲"的感情:气息沉重,出声缓慢,语速先快后慢,轻重交错,以气托声,欲言又止,给人阻滞感。

(6)"急"的感情:气息短促,出声紧迫,语速快,停顿突然,吐字有力,有种催逼感。

(7)"惧"的感情:气息上提,出声不顺,语速不匀,轻重随便,给人衰竭感。

(8)"疑"的感情:气息断连,出声延伸,先快后慢,停连变化,语调下降,给人踟蹰感。

语调的运用对情感的体现作用很大,平心静气表示陈述、慰问、教育,高声大气表示强调、鼓励、愤怒、威胁,粗声粗气表示不满、怨恨、驳斥,冷声冷气表示蔑视、敌视、挖苦、制止,唉声叹气表示苦恼、发泄、悲痛,吞声忍气表示恐惧、遗憾、紧张、无奈,泣声悲气表示伤感、凄清、哀愁……感有万端之异,言有万态之殊。评述者要巧妙地运用语调,根据主题、情理、逻辑表达出丰富多彩的感情来。

第三,语调语势富于变化。

语势的变化是丰富的,"语无定势"更说明语势运用没有特定定律。但我们仍试图将语势的基本形态描述一下,以使大家对语势的曲折性能有直观了解。我们把有声语言的语势归纳为五种基本形态:

一是波峰类,声音由低向高再向低发展,状如波峰。如:世界上没有花的国家是没有的。"花"就处于波峰的位置,句头、句尾的词略低。

二是波谷类,声音由高向低再向高发展。即句头、句尾较高,句腰较低,状如波谷。如:乔治·华盛顿是美利坚合众国的第一任总统。

三是上山类,声音由低向高发展,即句头最低,句尾最高,状如登山。不过,有时是步步提高,有时是盘旋而上。如:让暴风雨来得更猛烈些吧!

四是下山类,特点是句头声音最高,而后顺势而下,状如下山。应注意的是它有时直线而下,有时则呈蜿蜒曲折的态势。如:就在那年秋天,母亲离我们去了。

五是半起类,特点是句头声音较低,而后呈上行趋势,行至中途,气提声止。由于没有行至最高点,所以称为半起。如:这到底是什么幻景呢?

那么,在即兴评述中一定要善于观察现场气氛,运用富于变化的语势语调引起受众的兴趣,避免语势单一或是固定的播音腔、朗诵腔。而在符合语句内容的前提下,为避免语势单一、形成固定腔调,我们要掌握以下三点:

第一,句头起点不宜相同。我们把语势的变化幅度假设为五度,那么,你说的每句话的开头起点高度不要都一样。

第二,句腰波形不宜相同。不要连续使用同一种波形,如果不可避免,应根据语句的具体情况,形成它们的差别。

第三,句尾落点不宜相同。每句结束的落点最好不要在同一高度,而且停时声音的轻重缓急也不宜相同。

语势语调在即兴表达中有着重要作用,对此,我们也需要不断学习和探索。

第三节　自然的表达方式

表述自然,指在表达时形成一种自我风格,即表达语言、语势、语态前后一致,形成整体上的统一。而表达的整体风格要与自身情感和风格相协调。下面列举四种表达方式供大家参考。

一、结论式表达确保稳中求进

评述者事先快速地分析主题或素材,表达过程中运用说理、提问等各种方法表达自己的观点,这种类型的表达方式总是伴有很强的现场控制目的。这种表达方式要求考生临场反应快速、逻辑清晰、素材储备丰富。其实,这种方式是最稳定和最便于准备的表达方式。

二、启发式表达推进层层深入

启发式表达也可以称为递进式表达。启发式表达适用于现场准备不充分的考生。由于考试时备题时间不够,考生无法得出自己的确定结论,就以大概的表达方向作为设定路程启动表达,在引导受众的同时启发自己、完善观点。通常,可以采用层层提问的方式,步步推出结果。在古希腊,演讲曾被称为"诱动术"。即兴评述带有演讲性质,而启发式即兴评述与"诱动"感觉很像。启发式表达要求考生具备较好的诱导能力,尤其要掌握好应变技巧。

三、互动式表达帮助博人眼球

互动式表达也称交流式表达,交流和共享信息往往更能引起他人兴趣。互动式表达就是采用交流的方式完成的表达,在表达过程中可插入提问、道具展示、握手等现场互动。这种形式比较讨巧,对评述者语言表达的要求相对不高,但又能为其赢得较好的印象。不过,进行互动式表达需要事先精心准备,并且根据考试现场情况灵活应变。不合时宜、生搬硬套会惹人反感,结果适得其反。

四、新奇式表达更能出奇制胜

新奇式表达就是不拘于以上三种常用方法,以求新、求奇、求个性、求趣味为核心自成一派,或独创风格或集百家之长。一般来说,这种表达独具特点:或幽默诙谐,或旁征博引,或犀利精辟……都能吸引眼球、传递快乐、受人喜爱。当然,新奇式评述对考生的个人素质有一定的要求,如特点鲜明、大胆创新、风格自然等。不过,这种评述方式也有些风险,因为考试现场不可控因素较多,建议考生慎重选用。

第四节 清晰地表情达意

评述者借助口语发出信息,目的是让听众能立即理解。口语与书面语明显不同,书面语在通读后被理解即可,而口语要求当即能被听懂。与书面语相比,口语更需要语意明确,情感清晰。

首先,选取表意明白晓畅的口语表达方式。

运用清晰生动的词语使评述口语化,会更受欢迎。1860年,亚伯拉罕·林肯竞选总统时发表了一段风趣的演讲:"有人打电话问我有多少银子,我告诉他们我是个穷棒子。我有妻子和儿子,他们才是我的无价银子。我租了一间房子,房子里有一张桌子和三把椅子,墙角有一个柜子,柜子里的书值得我读一辈子。我的脸又瘦又长且长满胡子,我不会发福而挺着大肚子,我没有什么可以荫庇的伞,唯一可以依靠的是你们。"

这段话语类似于一首百子歌,通俗浅显,生动易懂,帮助林肯赢得选民喜爱。同理,评述时要多用贴近人们现实生活的轻松自然、通俗流畅的口语实现表情达意的目的,包括儿化名词、象声词、叠音词、语气词、民谚、歇后语等。评述中运用语气词要亲切自然,明白易懂。详细说来,应少用文言词,多用现代词;少用方言词,多用通用词汇;少用成语,多用俗语;少用抽象语,多用形象词汇。

总之,即兴评述的表述一定要有明晰和准确的中心思想。讲稿使用的语言一定要能够直接、确切地表述观点,揭示现象与本质的关系。

其次,列举语境所需的典型事例。

评述事例既要"阳春白雪",也应"下里巴人"。评述中如果没有典型、生动、感人的事例做支撑,再动听的语言也是苍白、空洞的。黑格尔说:"不能只把主题和目的简单地演绎为抽象的概念,还要用事实来说理。"因此,语言表达中的事例应精心挑选,引人入胜。评述中也可以举一些发生在身边的让人感到亲切可信的事例,它们具体、生动、实在、说服力强。可以这样说,"下里巴人"更易走入"寻常百姓家"。

然而,一些领导发言时,喜欢打官腔,"拿架子"。没有事例支撑,空话套话太多,导致听众十分反感。如"今天呀,我们开个会,嗯,研究研究几个问题。这些问题咧——嗯是很重要的。领导嘛是非常重视的。嗯,下面咧,我详细讲几点……"可见,没有事例支撑的表达毫无吸引力。

总之,为了增强表达的力度,评述一定要绘声绘色,力求形象地呈现场景情况,带动受众;表达中的情感也应始终保持亲切、自然、协调。

第五节　多样的表达结构

即兴评述的结构,是将所有表达内容有条理、有层次地组织起来的框架体系。它是评述进行的轨迹,是思维过程的最终产物,是评述表达的主干,是表情达意的载体,是确保评述顺利进行的核心力量。评述的结构就像房子的框架,构建表达结构就是把已有材料按照设定思路有机地结合起来。在考试中,清晰的表达结构能够帮助考生时刻牢记自己的表达中心,理清先讲什么、再讲什么、最后讲什么的逻辑关系,从而达到"以理服人"的表达目的。因此,考生一旦确定表达中心,为了避免胡言乱语、词不达意,最好尽快把各部分内容与相应结构对应起来,从而推动评述顺利进行。接下来,介绍三种常用于考场的评述结构。

一、议论式

在即兴评述考试中,考生一般多采用议论式结构进行表达论证。该结构分为开头、主体、结尾三个部分,各部分要求分别为:开头突出重点,主体深化重点,结尾自然收住。这种结构框架可以说是即兴评述类题目当中最简单的模式,可直接剖析题目,再紧紧围绕题目进行论述,即常用的"是什么""为什么""怎么做"的结构模式。

范例 3-1

谈谈理想

相传,苏格兰军队当年在西班牙作战时,把故王布鲁斯的心抛在阵前,然后全军奋起抢夺,击败敌人。这就是前进的方法。掌握你的生命,高悬某种理想和信念,全力以赴。有许多人庸庸碌碌,默默以终,这是因为他们认为人生自有天定,从没想到可以自己创造人生。

宇宙是无穷的,然而人生是有限的,以有限的生命涉足无穷的宇宙,人们怎么能满足呢?我们怎样才能决定取舍呢?于是,人生的目的、人生的价值,便成为人们永远争论的焦点,自然,也就产生不同的答案和不同的人生观。有的人,感慨人生短暂,于是,拼命追求享乐。这自然是一种生活态度。有的人,感慨人生难以把握,于是自暴自弃,玩世不恭,无所作为。这也是一种生活态度,然而不免低级、消极了些。有的人,感到时间紧迫,于是发奋图强,追赶时间,超越生命,这种生活态度才是积极向上的。

实现理想,需要勤奋学习,需要艰苦奋斗、脚踏实地,需要扎扎实实的真知识、真本领,而不要睡大觉、做美梦,不要说大话、说空话。让"睡着想不如起来干"成为我们的座右铭吧,只有这样,你才能看到成功的曙光,才能到达理想的彼岸。

实际上,我们每个人都曾有梦,每个人都有必要认认真真地去思考它,好好地规划自己的人生,不要走一步算一步,得过且过,迷糊糊地生活。有梦,不要轻易放弃,在奔向梦想的路上,即使遇到各种诱惑,也要舍得放弃,否则你的梦想永远只是梦罢了。如果你还没有梦或者还没有一个人生目标,那么不妨从现在起根据自己的实际情况给自己的人生定一个目标,然后不弃不舍,一步一步努力去实现它。

二、叙述式

给定一个题目,要求结合自己的亲身经历和生活故事加以评述时一般采用这种评述结构。此类方式使考生在举例时更易发挥,使评委老师更容易看到考生的淡定与质朴。

范例 3-2

我眼中"真正的天堂"

一只鸟在飞,它的母亲在某个目的地等待它的到来。它只知道母亲在远方等它,不知原因。它风雨兼程,它需要到达。当它找到它的母亲,它向母亲炫耀:"三天我飞了几百里,找遍了整个山林,我饥饿,我渴,我的羽毛掉了一大半。我觉得我很坚强。"

它母亲摇摇头:"你坚强,我承认。你找到了我,你这三天找遍了整个山林,你知道这个山林有几条河流、几个湖泊吗?"它摇头,满脸困惑。"孩子,太快的速度会让你错过许多美丽的风景。"

人们同样在时间里奔跑,错过了桃花送走雪花,春风唤醒田蛙的春;错过了浪花裂开心花,荷盖展开青霞的夏;错过了稻禾沾满金露,树木寄走一封封枯叶的秋;错过了山坡覆白雪,水面凝银冰的冬。人们应该在这样的季节这样的景色中踱步,让一个个脚印有翡翠的韵脚、金银的注释。这才是我们的世界。

登山不只为了高度。我们的高度应有风度。登临送目的时候,才不会有高处不胜寒的感觉。拾级而上,俯仰春秋,一步之距是美的距离,每接近一步,都有真正的快乐。可当你看见别人已到山顶或后来居上时,你会想到速度;当你看到东方大白,红日即将跃出时,你会想到速度。用跑的间级代替走的拾级,你认为你理智聪明,你同时应该注意些什么？坡陡级密，谨防摔倒。

生活的天堂才是真正的天堂。美丽在阶前小河中流淌，真实在广大土地上成长。智慧在屋顶青瓦上乘凉，一群鸟在大地之上飞翔。

三、递进式

这种模式是很多辅导材料、辅导学校倡导的一种模式。考生以一定的逻辑层层推进阐述一个话题，然后得出自己的结论。

范例 3-3

近朱者赤，近墨者黑

古人云："故近朱者赤，近墨者黑；声和则响清，形正则影直。"本人非常赞同"近朱者赤，近墨者黑"这一观点。红色和黑色如果相结合，就会变成黑色。

假如脚上的一只袜子臭了，另一只袜子没有理由不臭。假如和几个志高行洁的朋友在一起，即使你还存在不足，但这些都只是暂时的，因为在你朋友潜移默化的影响下，在不久的将来，你一定也会变得高尚；假如和许多行为举止十分卑鄙的人在一起，不用说，过不了多久，你做事和说话就会和那一些人相似。

国家工作人员一向是我们可以信赖的人。可每次捉拿一个贪官时，就会带出一串和他一样腐败的官员。这是为什么？这不就是近朱者赤，近墨者黑吗？

如果一个公司领导兢兢业业努力工作，那么他的员工肯定也踏实肯干。

如果一个家庭中，父母都是热情、老实的人，平时又乐于助人，从来也不得罪别人，那么他们的孩子也肯定彬彬有礼，惹人喜爱。

因此，不管大到国家还是小到家庭，我始终认为"近朱者赤，近墨者黑"。

四、并列式

并列式也是在即兴评述时常见的结构框架。在论述层次不明确的时候将许多事例罗列出来，这就是并列式。而当我们举的例子比较清晰，为了突出主题与强调重点，则更多采取递进式，一步一步层层递进。

范例 3-4

微笑的魅力

微笑是人类最美丽的表情。它是自信架起的希望灯塔,是弱小者心中的阳光,是融化冰山的熊熊烈火。无论你经受着风吹雨打,还是沐浴着阳光雨露;无论你是攀上了顶峰,还是被困于巨谷深渊,生命的微笑都能调节忧郁的心情,抹去不悦的色彩。

还记得海伦·凯勒吗?当她屡屡在黑暗里碰壁时,正是沙莉文老师那微微的一笑,使她感受到阳光般的温暖。她说:"温暖的阳光照在我的脸上,我的手指触到了鲜花和叶子,我意识到春天来临了。"

美国钢铁大王卡耐基说:"微笑是一种神奇的电波,它会使别人在不知不觉中同意你。"在一次盛大的宴会上,一个平日对卡耐基很有意见的商人在背地里大肆抨击卡耐基,而卡耐基却安静地站在那里,脸上挂着微笑,等到抨击他的人发现他的时候,那人感到非常难堪,正想从人群中钻出去,卡耐基依然微笑着,走上去亲热地跟他握手,好像完全没有听见他讲自己的坏话一样。后来,此人成为卡耐基的好朋友。正如雨果所说:"微笑就是阳光,它能消除人们脸上的冬色。"

微笑不仅能驱走心灵的阴霾,还会让人变得友善。有一次,一位窘困不堪的乞食者将手伸到了屠格涅夫面前,屠格涅夫找遍身上的每一个角落,却什么也没找到。于是,他紧紧握住乞者的手,微笑地说:"兄弟,很抱歉,今天我忘记带钱了。"乞者眼里闪烁着异样的光芒,感动地说:"这个手心,这个微笑,就是周济!"

总之,表达结构是对评述内容的整体布局,为保证实现表达目的而条理清晰地安排素材位置、情感起伏轨迹、技巧运用位置等。换言之,结构布局直接关系着过程中各部分的分量、位置、转承、起伏,包括段落分层、段间转折承接、开头和结尾的形式等。不过,结构仅仅相当于人体的"骨骼",若要"有血有肉",还需要用素材填充。应试者可以结合本书中编进行日常的素材积累,并学习相关素材选定技巧。同时,还可参照本书下编的范文剖析,采取比较学习法深化学习程度。

第六节 丰富的修辞手法

修辞手法,就是通过修饰、调整语句,运用特定的表达形式以加强语言表达作用的方式或方法。修辞手法共有六十三大类,七十八小类。在即兴评述中如果不求变化,会显得单调、呆板,而丰富的修辞手法能为我们的表达增光添彩。

一、运用比喻形象生动地展现内容

比喻技巧可以化枯燥为生动,引人入胜。在评述中,比喻技巧的运用是很广泛的。因为比喻能准确地讲解知识,形象地表达感情。为了使比喻发挥更大作用,评述者可以临场设喻:就地点、场景、事物进行设喻,这样更具说服力。

二、运用排比全方位表达各种情感

排比是由三个或三个以上的结构相同或相似、语气一致的语句成串地表达相关或相连的内容的一种句式。各种演讲都会广泛运用排比,评述同样如此。毕竟,运用排比能使言语规整,语气协调,感情贯通,表达流畅。排比句式连成一片,轰轰烈烈,能使论点更加鲜明,感情上对听众的震动也更巨大;也可以全方位地表达各种感情:喜悦、痛苦、亲切、庄重都可在其中产生。

三、运用仿词和拆词增添幽默气氛

幽默是表达中的调味料,现场评述需要幽默,考生可借助仿词与拆词手法营造幽默氛围。所谓仿词手法,指突破现行语言规范的束缚,巧移善铸,临时仿造出一个意义相反或相近的词语来增强语言表达的效果。评述中的仿词听来风趣,有一种明快犀利、生动活泼之感。而拆词手法,是指把词拆开镶进别的词,或把特定的词句有规则地暗嵌在别的语句中,或把词拆开交错搭配。

四、运用摹状让听众亲临其境

进行即兴评述时运用绘声与描状相结合的方式呈现事物原貌,可以增强评述视觉形象和听觉感受,烘托现场的气氛,使听众宛如身临其境。

五、运用婉曲引导听众乐纳观点

在评述中,运用婉曲技法可以含蓄地表达内心的不满和意见,艺术地表达不便直言的事情,婉转地批评丑恶与谬误。运用婉曲技法可以使气氛轻松,使听众容易接受表达者的观点。其中,值得注意的是:一要恰到火候且点到为止,不能含混糊涂、晦涩,不能直露露、明晃晃。二要切忌为了取得婉曲的效果而一个劲地把矛头指向听众,让听众听来感觉含沙射影,难以接受。三要随机应变,随境而发。巧妙地利用语音、语汇、语调、语气、表情、体态、动作,并结合生活实际,创造出一种内涵深刻、丰富的语言形式,使之具有动人的魅力。

六、运用引证、例证、佐证等丰富表达依据

在评述中,适当地运用各种证明法,诸如引用名人的言论、公认的史料、数据以及广泛流行的成语、谚语等来支撑表达,可以更好地点明主题,佐证观点,使文义含蓄,富有启发性。

在即兴评述中,可将丰富的修辞手法灵活地运用在各个部分,如果能够运用得当,必能大大增加表达效果。

第四章 即兴评述控场战术

即兴评述是一种现场艺术,涉及要素众多。考试现场可能发生许多出乎意料的情况,如评述者忘稿了、串词了、讲错了,听众喧闹、不配合,环境不协调、难适应等。对此,掌握即兴评述控场战术尤为重要,考生要沉着冷静、处变不惊,采用良好的控场战术,保证评述成功。

第一节 快速适应现场

一、迈好第一步,说好第一句话

在评委心目中留下良好的第一印象很关键。当考生入场,一切正式开始。迈出关键的第一步,说出得体的第一句话,做出优美的第一个动作,对树立自己的形象、产生良好的首因效应非常重要。

首先,评述者要注意站姿端正、走姿得体。走到适当位置后要自然地转过身来,站定后向评委鞠躬,面带微笑用眼神与评委交流,颔首致意,大方地调整好话筒,开始讲话。第一句话的作用是确定基调,引领感情。因此第一句话要讲得轻、缓、稳。此时,要调整心态,克服紧张情绪。有经验的评述者很重视走上讲台的那一瞬间,虽然时间只有十几秒钟甚至几秒钟,但走得有风度、有神韵,给评委留下好印象。

心理学研究表明:听众在开始的七秒钟内就能对评述者作出判断。因此,评述者要挺胸平视,手指自然弯曲,手臂伸直放松,步频比平时稍快。男生每秒钟两步,女生每秒两步或稍慢点。步幅男生每步 40 厘米左右,女生 35 厘米左右。切忌扭捏作态,一步三晃,走八字步;切忌急不可待,大步流星;切忌低头埋脑,腰驼背弯;切忌狂妄自大,目空一切。否则你还未站定,下面就哄堂大笑或议论纷纷,那将给自己造成很大的心理压力。

一般来说,评述者不要在开头做很多动作,评述一段时间后再开始做动作。第一个动作不要做得太快、太急、太猛,不能让听众感到"惊奇"。要把动作设计在最佳的有声语言位置,表现得从容不迫。这样你就会在评委心目中形成良好的第一印象。同时,在评述中恰当地运用礼貌语和客套话也很有必要。客套话能拉近与听众的距离,是即兴评述现场控制和应变能力的体现。

二、克服恐惧,确保评述顺利进行

即兴评述的现场充满未知,人并非天生就有自信去面对恐惧。

俗话说:"熟能生巧"。如果对评述稿滚瓜烂熟了,就能形成稳定的心理定式。评述时不用担心不记得词,可以把全部的心思放在情感表达和态势运用上。如果总是怕自己不记得讲稿,担心自己中途卡壳,就会影响情绪。因此评述者一定要用充分的时间备好腹稿。从字到词到句到篇,从发音到表情到风采都要心中有数。

此外,熟悉讲稿、听众、对手、环境也是克服怯场的有效手段。

第二节　赢得听众喜爱

现场听众是即兴评述进行的动力。即兴评述的本质是说话。因此,在即兴评述时一定要注意对象感。评述者不只要考虑自己想说什么,同时要考虑评委想听什么。如果在表达时,不注意听众的感受,表情动作僵硬、做作,为了评述而评述,过程没有活力和特色,自然不被认可。

随着媒体技术的发展,受众有了解新闻和信息、掌握知识、娱乐消遣和交流感情的需要。所以,在播音类考试中,站在受众的角度具有交流感尤为重要。考生与考官进行面对面的交流,考生的语言需要具有明显的对象感、交流感,要有反弹性、应答性,要把教官当成朋友,真心为他们排忧解难,这样才能激起播讲欲望。因此,在评述过程中,考生眼前始终要有交谈的对象,是这个隐形的对象默默地牵引着考生的思路,激发着考生的灵感,并促使考生强烈地"表现自我"。

资深电视播音员和主持人沈力总结道:"人际交流是以存在着的双方为前提条件的……我常把生活中遇到过的、与观众交往过的许多场面,都储存在自己的脑海里……"当表达者的心与受众相融时,这其中的交流感也自然随之提升。

另外，评述者要具有现场分析能力，要把自己当作听众，推己及人地考虑听众想听的内容。

其中，面对听众的逆反心理，评述者只能接受、协调、化解，不能排斥、压制。行为心理学家卡罗夫说过："逆反心理人人都有，这建立在人的自我意识之上。一旦别人超过或违背自己的行为规范，哪怕对方不错，也会难以承受。"评述中，听众也常会出现一种与讲话者思想意识、表达情感相违背、相逆反的意识与思维，表现为淡漠、厌恶、窃窃私语、起哄、离座、直接发生语言冲突等。对于听众的逆反情绪，我们只能接受之、协调之、化解之，绝对不能采取排斥或压制的方式。

为了避免听众的逆反心理，把听众逆反心理控制到最低限度，评述者应当针对不同的受众进行深入分析，不能为了获得听众的好感而片面追求直观效果，流于庸俗。

第三节 应变能力敏捷

在即兴评述中，听众一般处于被动地位，要使表达者与听众两极合璧，就要消除听众的被动、消极情绪。一般来讲，应变能力强的评述者可以选择灵活的表达形式；反之，则可以选择相对稳定的表达形式。

即兴评述者的应变能力体现在根据现场受众的人数、性别年龄、面部表情等，及时调整自己的呈现状态以达成预想的表达效果。其中，要求表达者能根据受众乐见的形象，塑造自我形象，展现自我。那么，如何努力提高自己的应变能力呢？

首先，充分预估现场环境。预估考场可以帮助我们分散注意力，克服紧张情绪，准确定位现场环境，包括估量现场有多大，有多少人在场，受众是哪些人。这些因素直接决定着评述者的声音多大，如何交流，什么话可以说，什么话不可以说等。对这些背景环境的了解，将会帮助我们适应现场。临场性的发挥最容易造成紧张情绪，评述者开口说话之前要做好预测，快速冷静下来想想自己的评述目的，做好充分的心理准备，以克服临场变数的不良影响。

其次，多参加实践模拟活动和扩大自身交往范围。在实践活动中，我们必然会遇到各种各样的问题和困难，努力去解决问题和克服困难的过程，就是增强人的应变能力的过程。

事实上，在家庭、学校或其他团体这些相对较小的范围内，我们可能会遇到各种问题。因此，只有首先学会应变各种各样的人，才能推而广之，应付各种复杂环境。只有提高自己在较小范围内的应变能力,才能推而广之,应付更为复杂的社会问题。

总之,即兴评述的现场控制需要我们充分认识现场变数,克服紧张,稳步表达,从而反客为主,成为现场氛围的引领者和掌控者。在生活中,假如我们遇事总是迟疑不决、优柔寡断、因循守旧、半途而废……就要主动锻炼自己分析问题的能力,迅速作出决断。只要下决心锻炼,反复训练,我们的现场控制能力必然会不断增强。

第五章 即兴评述态势妙招

即兴评述作为一种语言艺术,其内涵是丰富的,不只包括有声语言,还包括非有声语言(即态势语言)。美国心理学家艾帕尔·梅拉比的研究阐明:在一条信息传递的全部效果中有声语言仅占38%(包括音调、发音和其他声响词语),而55%的信息是无声传递的。所以除了心理、表达和控场等技巧之外,态势语的呈现也值得重视。毕竟,在评述考场上,考生只注重有声语言是不够的,表达效果不佳往往与态势语言的表现有很大关系。态势语言受有声语言限制,是有声语言的重要辅助。因此,态势语言不能自立一体、喧宾夺主,要端庄自然、受人喜爱。整体而言,即兴评述的态势语言的设计要注意以下三点:

第一,态势语言的表达要建立在评述内容的基础上,与评述主题紧密相连。符合知觉、注意、思维、情感过程的规律。如双手摊开分上、中、下三区,分别表示赞美、乞讨、无奈三种意义。

第二,态势语言要自然,有过程、有过渡。在评述中,考生的态势语言要表现得得心应手、运用自如、前后连贯、过渡完整。不能太突然,不能与整体、与语言表达脱节。

第三,态势语言要适度取用,恰如其分,不能过多、太滥,要做到简而精。评述是需要公信力的语言表达形式,评述者不宜乱做表情、手舞足蹈、轻佻作态、哗众取宠……因此,不停地挥手、眨眼、抖腿等轻浮动作都不适用。

在考场上,考生首先被注意到的是整体形象,如潇洒的风度,高雅的气质,大方的步态,得体的打扮等。如果给人留下较差的"第一印象",之后再想扭转印象、获得认可便会难关重重。

第一节 运眼传神,增添表达光彩

用眼"说话",运眼传神。心理学研究表明,在人的各种感觉器官获得的信息总量中,眼睛获取的信息要占80%以上。人心中的所思所想总是不自觉地在不断变幻的眼神中流露出来,眼睛犹如一面聚焦镜,凝聚着一个人的神韵气质。在评述中,丰富的目光语言隐藏着不同的信息,眼神的运用能辅助表达者更为生动、立体地表明意向。

诗人公木说过:"眼睛是心灵的窗户,不会隐藏更不会说谎。"得体地运用目光语言会给评述增光添彩。眼神的表达可以运用前视、侧视、环视、点视、虚视等方法,自然亲切地进行呈现。

其中,正视表示庄重,斜视表示轻蔑,仰视表示思索,俯视表示羞涩,逼视表示命令,瞪视表示敌意,不住地打量表示挑衅,低眉偷觑表示困窘,行注目礼表示尊敬,翻白眼表示反感,双目大睁表示吃惊,眨个不停表示疑问,眯成一线表示高兴。还可配合眉毛的变化,眉目传情意义更广泛。欢乐时眉开眼笑,眉飞色舞;忧愁时双眉紧锁;愤怒时横眉怒目;顺从时低眉顺眼;戏谑时挤眉弄眼;畅快时扬眉吐气……心理学研究表明:人感觉印象的77%来自眼睛,13%来自耳朵,视觉印象在头脑中保持时间超过其他。所以,用眼睛传神十分重要。

美国第四十任总统里根是演员出身,拥有高超的表演技巧,每次演讲他都能充分运用目光语言。他的眼睛有时像聚光灯,把目光聚集到全场的某一点上;有时则像探照灯,目光扫遍全场。评述者的目光语言十分重要,而用好目光语言也要讲究技巧,下面介绍运用目光语言的七种方法。

第一,前视法:评述者视线平直向前而弧形流转,以听众席的中线为中心弧形照顾两边,直到视线落到最后一排听众的头顶上,视线推进时不要匀速,要按语句有节奏进行,要顾及坐在偏僻角落的听众。

第二,环视法:有节奏或有周期地把视线从听众的左方扫到右方,从右方扫到左方或从前排扫到后排,从后排扫到前排。视线每走一步都是弧形的,弧形又构成一个整体——环形。运用这种方法时要注意中间的过渡,评述时要注意衔接。此种方法主要用于感情浓烈、场地较大的演讲。

第三,侧视法:"Z"形或"S"形运用视线。此法在评述中用得较多。

第四,点视法:在处理很特殊的情感或听众有不良反应时,可大胆运用此法,此法作用独到,对抑制听众中的骚动情绪有很大作用。

第五,虚视法:即"眼中无听众,心中有听众"。这种方法在演讲中使用频率很高,初上场者可以用它来避免分神或克服自己的紧张情绪。这种方法还可以用来表达评述时的愤怒、悲伤、怀疑等感情。

第六,闭目法:人一般每分钟眨眼五至八次,若一次眨眼时间超过1秒就属于闭眼。评述中讲到英雄人物壮烈就义,评述者与听众极度紧张、心情难以平静时,可运用此法。

第七,仰视法和俯视法:在评述时,不要总是注视听众,可以根据内容运用仰视和俯视,如表现长者对后辈的爱护、怜悯与宽容时把视线向下;表示尊敬、撒娇、思索、回忆时可视线向上。

在训练目光语言时,注意眼神既不能太冷也不能太热,还应避免"目中无人"或眼神游。评述时,表达者不要目不转睛地盯着一个人或一个点,应适时放松;不要盯着观众的脖子、下颌或其他地方,应重视与观众的眼神交流。此外,评述者还需要主动寻找适合自己的亲切自然的目光交流语言。

【训练设计】

(1)定点训练:把前方一固定物想象成你喜欢的或讨厌的人,眼神盯住后进行目光语言的练习,也可边照镜子边对着自己说话。

(2)变化训练:如目光凝滞、闪动、愤怒、喜悦、惊讶等。

训练提示:运用视线时往往是各种方法综合考虑、交叉运用的,要按照内容的需要,押着感情的节拍,配合有声语言形式与手势、身姿等进行立体、协同体现。

第二节 表情自然,提升形象气质

自然的表情能让表达者显出一种自然之美。同时,运用好脸部表情,能给听众一张准确的"感情晴雨表"。进行评述时,大家的视线自然会汇聚到评述者的脸部。这时,评述者表情的变化会引起人的兴趣,因为脸部是感情的"晴雨表",受众可以从中读懂讲话者的情感内涵。受众会根据评述者的表情变化判断其内心情感和表达内容是否真实可信,如果表述时表情僵硬或是缺乏自信,那么受众的质疑和抵触之情也会随之而来。

下面我们来看一些常见的脸部表情。突出下颚表示攻击性行为,缩紧下巴表示畏惧和驯服,抚弄下颚表示掩饰不安或胸有成竹,伤心时嘴角下撇,欢快时嘴角提升,委屈时撅起嘴巴,惊讶时张口结舌,仇恨时咬牙切齿,忍耐时咬住下唇、下颚上抬、把鼻子挺出,是傲慢自大、倔强的表现,用手摸耳垂表示自我陶醉。

微笑,是一种良性的脸部表情,反映出这个人温和开朗、自信有礼、有修养,还可以融洽现场气氛,消除听众抵触情绪,缓解矛盾。美国哈佛大学校长叶洛特博士曾说:"微笑是人际交往成功的催化剂。"不过,评述者不能一直微笑,会让人觉得虚假。下列场合可运用微笑技法:

第一,表达赞美、歌颂等感情时应微笑。

第二,上台与下台时应微笑。这样可拉近与受众的距离,把良好的形象留在受众心中。

第三,受众提问时送上一抹微笑,是无声的鼓励。

第四,肯定或否定受众的一些言行时,可以配合着点头或摇头,脸挂微笑。

第五,面对喧闹的受众,评述者可略停顿,同时脸挂微笑。这是一种含蓄的批评与指责。

第六,表达一些与微笑相似的情感时可用。

【训练设计】

(1)招牌笑容,缓解紧张:对着镜子练习微笑,注意上提面部肌肉、唇齿相依、鼻翼微张。

(2)取长补短,自我设计:模仿名人的面部表情,并择优转化为自己的招牌表情。

(3)多做训练,灵活变化:练习喜怒哀乐,训练面部表情的灵活性。

训练提示:评述中的笑要随内容感情有所变化。其中,既要注意用自己的笑容去表达内容,感染受众,也要保证笑的价值,该笑则笑,不笑则止。

第三节　手势得体,传递真情实感

运用手势可以增加亲切感,也可以加快信息的传递速度,更可以帮助个人塑造自身形象。从心理学角度讲,耳与眼协调使用比只用眼或只用耳接收信息更能放松情绪。手势是吸引观众不可缺少的手段,是构成多彩的主体形象的重要因素,它可以使语言表达更生动活泼、有感染力。在评述中,自然而安稳的手势可以帮助说话者平静地进行叙述,直接而有力的手势可以帮助评述者把控感情,稳妥而含蓄的手势可以帮助评述者表明心迹。手势可以加强口头语言的表达效果,是人们说话时自然而然的动作。具体手势分类如下:

一、指示手势

这种手势是用来指示具体真实形象的,分为实指和虚指两大类。实指是指评述者所指的人或事或方向,均是在场的人视线所及的。如"我""你""我们""你们""咱们""这边""上面""地下""这些""这一个"等。其中,以"我"为中心的动作居多。虚指指的是评述者和现场听众不能看到的。比如讲到"很久很久以前""在那遥远的地方",常用虚指。指示手势比较明了,不带感情色彩,比较容易做。

二、模拟手势

模拟手势指用来摹形状物的手势,其特点是"求神似,不求形似",有一定的夸张色彩。在一次评述考试中,考生讲到自己由于身患重病没钱医治,一个个素不相识的朋友给他寄来物品,当讲到一个年仅五岁的小女孩到医院给他送了一个大梨子时,他热泪盈眶地双手合抱,虚拟出一个大球形。在此,这个模拟梨子的手势代表了人们的真情实意。

三、抒情手势

抒情手势是根据感情流露自然而来,这种手势运用频率最高。比如兴奋时拍手称快,恼怒时挥舞拳头,急躁时双手相搓等。林肯的老朋友赫恩登说,他对听众恳切地演讲时,那瘦长的右手指自然地充满着动人的力量,一切思想情绪完全贯注在那里。为了表现欢乐的情绪,他把两手臂举成五十度的角,手掌向上,好像已抓住了他渴望的喜悦;他讲到痛心处,如痛斥奴隶制时,更紧握双拳,在空中用力挥动。

四、习惯手势

任何一位评述者都有自己的习惯性手势。例如,列宁说话时喜欢挥动右手用力一斩,孙中山先生说话时常常挂着手杖……总之,习惯成自然,而即兴评述手势贵在自然,切忌做作;贵在协调,切忌脱节;贵在精简,切忌泛滥;贵在变化,切忌死板;贵在通盘考虑,切忌前紧后松或前松后紧。

手势语包括情意手势语,即使某种情感形象化;形象手势语,即以手势状物;对象手势语,即以手势动作表现抽象事物。不过,手势语的训练要注意适度原则,因为评述时手势太多显得"指手划脚",叫人反感。

此外,运用手势时应注意对象,适应语境、文化背景,若在小范围说话或对年纪大的人说话,手势应尽量少些;也不要因为自己的孤陋寡闻闹出手势语言的笑话。例如,竖大拇指这个动作,在英国、澳大利亚、新西兰、希腊、意大利等国包含多种意思,旅游者站在公路边会以此作为请求搭车的信号,但如果将大拇指急促地向上翘起,就是侮辱人的意思了。而在我们中国,竖大拇指表示称赞,如果英国或澳大利亚旅游者用这样的手势在我国公路边求助搭车,司机可能会以为是在夸他的车技高明。总之,手势语言要大方得体,否则非但不能锦上添花,反而弄巧成拙、画蛇添足。

【训练设计】

(1)常规练习:为下列语句设计手势。

——"大家安静,安静!"

——"我讲的这个问题非常重要!"

——"这么一讲,我们不就完全明白了吗?"

——"注意,有一点切不可大意!"

——"这么办不行,这是触犯刑律的,绝对不行!"

(2)模仿名人手势,分析其中可取之处。

(3)设计自己的招牌手势,强化个人风格。

训练提示:同一个手势不可使用过于频繁;鼓掌时,不要右手指尖放在左手手掌上"拍";握手时,用力要恰当,并且身体应微微前倾,应适时伸出右手,同时面带微笑注视对方眼睛;拿话筒时,不要翘起"兰花指"。

优秀的主持人往往会有令人印象深刻的手势,代表性手势也是主持人风格特色的重要体现。优秀的艺考生也会因为在即兴表达中的精彩手势呈现自然大方的表达状态并赢得高分。

第四节　肢体协调,彰显个人魅力

古语云:"站有站相"。节目主持人的站姿要大方、自然、优雅、不僵硬、不随意,保持腿的直立和脚位的正确。正确的站姿要领是:上半身双肩齐平、舒展,挺胸、收腹、直腰,双臂自然下垂;下半身双腿靠拢、关节展直,身体重心应落于两脚中间;身体重心微微倾向于前脚掌,同时后跟用力下踩,头顶重心要往上顶,感觉身体似乎被拉长。但注意即兴评述的站姿不同于军姿,军姿虽挺拔但相对僵硬,而这里所训练的站姿要求挺而松弛。

首先,评述者在评述时应以站姿为主,无论站姿还是坐姿均要稳健潇洒。著名演讲家曲啸曾在介绍演讲经验时说:"演讲者的体态、风貌、举止、表情都应给听众以协调平衡的至美的感受,要想从语言、气质、神态、感情、意志、气魄等方面充分地表现出演讲者的特点,也只有在站立的情况下才有可能。"

经验告诉我们,评述时最好采取站姿,站姿规范如下:挺胸,收腹,精神饱满,气息下沉,两肩放松,重心主要支撑于脚掌脚弓上,脊椎和后背挺直,胸略向前上方挺起,腿应绷直,稳定重心位置。具体站姿类型如下:

一、前进式

这种姿势最常见。右脚在前,左脚在后,前脚脚尖指向正前方或稍向外侧斜,两脚延长线的夹角成45度左右,脚跟距离在15厘米左右。这种姿势重心不固定,可以随着上身前倾与后移的变化而分别定在前脚跟与后脚上,不会因长时间身体无变化而不美观。另外,前进式站姿便于手势动作灵活多变,由于上身可前可后,可左可右,还可转动,这样能保证手做出不同的姿势,表达出不同的感情。

二、稍息式

通常,这种站姿适用于长时间站立中的短期更换姿势,使身体在短时间里松弛,得到休息。具体为:一脚自然站立,另一只脚向前迈出半步,两脚跟之间相距12厘米左右,两脚之间形成75度夹角,重心落在后脚上。不过,这种姿势显示出的形象比较随意,给人一种不严肃之感。

三、自然式

两脚自然分开、平行,距离与肩同宽,约20厘米为宜。

其次,评述者采用坐姿时要注意气质,坐有坐相。一是要将臀部落在椅上,落座后要保持上身正直,头平稳,力戒歪斜肩膀,两腿微曲并拢,两脚并起或稍前后分开。坐姿在评述考场上用得较少,不要歪身跷腿即可。

【训练设计】

(1)靠墙练习,防治驼背:全身立直绷紧,注意五点贴墙,即后脑勺、双肩、臀部、小腿肚、脚跟均贴墙。

(2)男女有别,站姿高雅:女生站立时,双脚成"V"型,双膝和双脚后跟应尽量靠紧;男生站立时,双脚可稍稍叉开,但最多与肩同宽;一般情况下,站在人前时,都不要把手抱在胸前或插在腰上。

第五节　服饰得体，展现端庄形象

评述者适当打扮是为了表现自己良好的精神状态与形象，面容憔悴，精神不振，衣服宽大，难具魅力。不过，评述者装束过于华丽，过于时髦，花俏俗气，也难以令人接受。

即兴评述是一门综合艺术，既要求评述者有美的声音、美的语言，也要求有美的仪表。评述者最基本的仪容要求是："面必净，发必理，衣必整，纽必结。头容正，肩容平，胸容宽，背容直。气象勿傲勿暴勿怠，颜色宜和宜静宜庄。"

因此，评述者的服装款式和颜色应与其体型相协调，使形象更具魅力。其中，可以通过服装掩盖自身外形上的缺陷，并展示自己的内在美；打扮不在于华贵，不在于时髦，而在于大方得体、协调。

首先，从体型角度谈谈不同类型评述者服装款式的选择。

一、矮胖型

着装原则是低领、宽松、深色、轻软。注意上下身衣服连同鞋袜要同色。避免穿下摆印花的裙子，上衣或外套短一些。穿斯文的高跟鞋与深色的丝袜可以使两腿修长。要避免上身与下身衣服的颜色反差太大。在冬天可选带小型围巾且颜色应稍鲜艳。裙子不宜太长，质地要柔软轻盈。上衣以 V 型领为佳，袖口宜小。男士适合穿西裤，给人以优雅之感。

二、矮小瘦削型

不能穿太宽大和印有大格子的上衣，可选穿浅灰、浅黄、褐色等有膨胀感的颜色的衣服，可穿直筒型裤子遮盖略高的鞋跟。

三、高长瘦削型

宜穿带有衬肩的大披领宽松上衣，这种体型的男士穿夹克很合适。要选择有膨胀感的颜色。可穿带有细格条纹和大方格的上衣，裤子不宜过于肥大。女士不要穿窄腰或领口很深的连衣裙，面料图案不宜选直线条的。胸部瘦小者，不要穿紧身服装。

四、其他体特型

主要指与一般体型有较大差异的体型。一是驼背者最好不要在服装背后开口,可用大衣领起遮掩作用。二是臀部外翘的男生不要在裤外束腰带,女生不穿紧身裤,应穿喇叭裤。三是臀部过于肥大者宜穿浅色上衣,深色裤子或裙子,以达到上下和谐的效果。四是臀部过小者可选用宽松的裤子和裙子,不要穿紧身衣裤。

其次,评述者化妆要淡,显出一种平常自然之美。仪表整洁会增添评述者的魅力,因为整洁的衣着代表着振奋、积极、向上的精神状态。因此,评述者事先要认真"打扫"自己,把脸洗干净,头发梳好,胡子刮干净。要保持牙齿洁白,齿缝不留异物,可打些发胶使头发光亮定型。男生头发不宜蓄长,女生发型也要简洁、自然。圆脸者可采用中分式,升高头顶部头发,留刘海,露出双耳与脖子;长脸者可以前发横流式,刘海式或瀑布式,要让头发蓬松,使脸变宽;方脸者在两颊处可留长卷发,以遮盖两下颊;低额头者最好梳平头;额头过高者额前应留短发或梳发卷;短脖者可留短发或梳高头;翘下巴者不宜梳高头,最好留长发,将耳朵盖住;下巴过小者则不宜梳平头;鼻子过短的者宜梳短发等。在一些场地稍宽阔的地方,面对强光的照射,可略施浓妆。

其中,女生可以稍稍喷点香水,但不能洒得太多,更不要洒在衣服上,否则强烈的香味会使听众不舒服。可以涂点口红,若嘴唇略薄可涂得饱满些,若嘴唇厚实则不宜涂得太多。可略施香粉,以保证脸部洁净、清爽。可略擦腮红,使脸部显得红润、有层次感。

总之,考生可以根据自己的风格给自己做造型。一般情况下,在即兴评述中建议女生的发型应利落、整洁,如短发、直发、盘发等;要露出额头、耳朵,给人端庄、干练、高雅、可信性强的印象。男生的头发不可过长,以免显得不精神。服装方面,一般要求着职业装,如西装、衬衫、职业套装等;服装颜色应选择冷静柔和的冷色系或黑白色。

中编　素材篇

即兴评述素材相当于即兴评述的"血肉身躯",是评述中必不可少的支撑材料。本编主题素材供考生结合上编技巧有效地填充评述主体。

评述中,精彩的表达必须以了解和拥有大量的合适素材为基础。然而,备考时间与人脑的记忆容量都非常有限,考生仅仅依靠死记硬背评述材料,在备考道路上必定会力不从心。因此,即兴评述的素材识记必须讲究方法、精选范围、巧记核心。那么,在素材积累中,一定要注意以下几点:

首先,要拟定计划,早做准备。素材准备必然是越早越好,准备时间较早,考生就可以按时按量地结合自身的实际情况制定素材记忆计划,按部就班地进行有效积累。例如,按日收看(听)新闻时事,按月阅读作文素材杂志,按学期储备读书心得或记忆评述素材等。

其次,要关注生活,边记边用。素材来源于生活,我们若能在生活中用心观察、体会,就能不费力地记下许多实用材料。同时,再把平时记录下来的所见、所闻、所想表达出来,就能达到"熟能生巧、无惧考场"的良好状态。并且,表达也是强化记忆的方式。

最后,要善于选材,牢记主干。分析历年来考场失误现象,考生一般都会由于临场紧张而产生头脑空白的情况。由此,在素材选取上,我们应当策略性地择取篇幅短小、适合口述、易于理解、有趣新颖的片段进行记忆,尤其要强化记忆素材的主干。如此一来,即便临场紧张,在头脑中也能闪现出素材的关键词,从而减少紧张带来的负面影响。

总之,素材的积累要"求精不求多",要善于运用发散联想等思维方式推进记忆。而在学习中编的过程中,考生可根据即兴评述的应试标准,对应本书下编范文,由分类依次择重进行记忆或采用,其中涉及的相关技巧可查阅本书上编"即兴评述技巧"方面的知识。

第六章 生命·青春·修养

第一节 生命

一、即评美辞

生机勃勃　　日薄西山　　人命关天　　一息尚存　　九死一生
万死不辞　　临危授命　　朝生暮死　　死而复生

二、即评佳句

中外谚语

自古红颜多薄命。（中国）

人生如戏,聚散无常。（中国）

人生苦短要努力。（中国）

人无千日好,花无百日红。（中国）

人生仅一世,流芳则千年。（日本）

年寿虽短,名誉无穷。（希腊）

生命的存亡如暴风来去,踏下的脚印却永远存在。（亚洲）

名人箴言

生命是建筑在痛苦之上的,整个生活贯穿着痛苦。——罗曼·罗兰

生命短暂,我们的岁月像太阳一样匆匆而去。——罗·赫里克

生命的长短用时间计算,生命的价值用贡献计算。——裴多菲

生命之树长青。——歌德

只有平凡的人生才是真正的人生。——菲迪拉

活得正直,死得才坦然。——奥维德

生如夏花之绚烂,死如秋叶之静美。——泰戈尔

生命是一条艰险的狭谷,只有勇敢的人才能通过。——米歇潘

一个伟大的灵魂,会强化思想和生命。——爱默生

生命在闪耀中现出绚烂,在平凡中现出真实。——伯克

寿命的缩短与思想的虚耗成正比。——达尔文

三、即评案例

※谭嗣同甘洒热血醒国人

戊戌变法失败后,改良派骨干纷纷出走国外避难。作为变法运动的中坚力量的谭嗣同却拒绝他人出走国外的建议,决意留在国内。当时日本大使馆向他表示可以设法保护他,他却拒绝了,并慨然说道:"外国变法未有不流血者,今日中国变法流血者,请自谭嗣同始。"被捕后,谭嗣同在狱中墙壁上挥笔题诗道:"望门投止思张俭,忍死须臾待杜根。我自横刀向天笑,去留肝胆两昆仑。"表明他决心以身殉义。在刑场上,他大义凛然,慷慨陈词:"有心杀贼,无力回天,死得其所,快哉!快哉!"然后从容自若地引颈就戮。

※90后少年见义勇为

2009年10月24日下午,一阵急促的呼救声打破了长江沙市宝塔湾的平静,两名男孩不慎落水。十余名长江大学学生紧急决定手拉手结成人梯下水施救。两名落水者最终获救,但陈及时、何东旭、方钊这三名大学生不幸溺亡,均年仅19岁。

官方媒体和互联网突出报道了这个义举和不幸。国家电视台在滚动播出的新闻节目中,还一遍遍播放着这三名牺牲的90后大学生的名字、身份和头像。

19岁——花样年华,人生中最美的时光刚刚开始,三条生命却被定格在滚滚江水中,沉没于救人义举的瞬间。

※刘润庆用生命让警徽格外闪亮

新冠疫情期间,兰州市第一看守所实行连续15天封闭执勤制度,民警刘润庆在连续多天驻所值班的情况下,主动请战。在疫情防控工作中,面对艰巨繁重的任务,他英

勇担当、冲锋在前,全力投入疫情防控。在连续值班的第 23 天,刘润庆因劳累过度,突发心脏病,经抢救无效不幸牺牲在工作岗位上,年仅 49 岁。以生命赴使命,秉初心显担当,刘润庆用生命践行了"人民公安为人民"的忠诚誓言,诠释了生命的最高价值。

第二节　青春

一、即评美辞

青春年少　　意气风发　　朝气蓬勃　　豆蔻年华　　风华正茂
活力四射　　金色年华　　锦瑟年华　　初生牛犊　　年少气盛
懵懂少年　　挥斥方遒

二、即评佳句

中外谚语
花有重开日,人无再少年。(中国)
开口莫笑白头翁,好花能有几时红。(中国)
一年始有一年春,百岁曾无百岁人。(中国)
年年岁岁花相似,岁岁年年人不同。(中国)
明天再明天,永远难实现。(苏联)
争取时间就是争取一切。(日本)

名人箴言
科学的未来只能属于勤奋而又谦虚年青的一代！——巴甫洛夫
精力充沛的青春,不容易消亡。——卡罗萨
得到智慧的唯一办法,就是用青春去买。——杰克·伦敦
等闲识得东风面,万紫千红总是春。——朱震
自古功名属少年。——陆游
青年者,人生之王,人生之春,人生之华也。——李大钊
题诗寄汝非无意,莫负青春取自惭。——于谦

三、即评案例

※曹禺青年成名

曹禺是我国现代著名的剧作家,创作了许多享誉中外的戏剧作品。他的成名作《雷雨》完成于他22岁的时候,结果一举成名。

曹禺幼年时博览群书,广泛吸收文学营养。他在中学时代尤其喜欢戏剧,如饥似渴地阅读莎士比亚、易卜生、莫里哀等名家的作品。他还参加了"南开新剧团"这一文艺组织,并多次参加演出活动。17岁时他便开始了《雷雨》的构思,五年内五易其稿,在22岁时终于完成了这部处女作。

当时剧本一经发表,立即轰动剧坛,曹禺顿时成名。《雷雨》作为曹禺的成名作,是曹禺艺术创作的一个重要标志,被认为是新文学运动以来戏剧史上少有的成就,标志着我国话剧艺术从初创时期走向了成熟的阶段。

※维纳青春放异彩

诺伯特·维纳是美国的科学家,他被称为20世纪少有的科学人才。

他是控制论的创始人,是信息论方面的先驱,也是最早发现数学计算机的威力和发展反馈系统理论的科学家之一。他3岁能读写,7岁前便学完了中学数学,并学了物理、化学、法文、德文和拉丁文,14岁大学毕业,18岁便获得了博士学位。他把数学和物理学结合起来,在研究布朗运动和现代概率论方面做了开创性工作,在量子力学领域建立了把复杂运动分解成简单运动之和的方法。他开拓了数学和工程技术及其他科学相结合的新路,30多岁便成为科学院院士。

※海森堡青年有为

德国科学家海森堡24岁提出了著名的测不准原理,是20世纪最重要的理论物理和原子物理学家。海森堡除了获得诺贝尔物理学奖外,还被布鲁塞尔大学授予荣誉博士头衔。年少的海森堡一直潜心学习,每次考试都力求做到极致,对自己要求很高。中学时,海森堡迷上了数学,很快便掌握了微分学和积分学,酷爱学习与钻研的他中学毕业就考入了慕尼黑大学。24岁时,不仅在慕尼黑大学获得理论物理学博士学位,还提出了著名的测不准原理。这位天才的物理学家并没有止步不前放弃学术,而是不断努力,前往哥廷根大学继续深造知识。在后来的时间里,他更是取得了种种耀眼的成绩。

第三节　修养

一、即评美辞

宽宏大量　　清静无为　　名士风流　　温文尔雅　　与世无争
文质彬彬　　宠辱不惊　　落落大方　　超然物外　　虚怀若谷

二、即评佳句

中外谚语
与其修饰面容,不如修正心胸。（中国）
以责人之心责己,以恕己之心恕人。（中国）
高尚是受人尊敬的源泉。（阿拉伯）
心中无邪念,行为必端正。（土耳其）
骄傲跌在门口,谦虚走遍天下。（中国）
知识深藏在谦虚的大海里。（朝鲜）
过分的谦让,无异于傲慢。（德国）

名人箴言
智谋出于急难,巧计生于临危。——莎士比亚
一心必成多事,多心不能成一事。——宋教仁
海纳百川,有容乃大;壁立千仞,无欲则刚。——林则徐
惟宽可以容人,惟厚可以载物。——薛瑄
知责任,明责任,负责任。——陶行知
夫君子之行,静以修身,俭以养德,非淡泊无以明志,非宁静无以致远。——诸葛亮
得意淡然,失意泰然。——弘一大师

三、即评案例

※孔子的养生之道
孔子享年 73 岁,在古代属于难得的高寿。这与孔子的养生之道有很大关系。孔

子的养生之道是:喜乐不喜忧,制怒、乐观是健康的首要因素;提倡三戒:少时戒色,壮时戒斗,老时戒非分要求;坚持五不食:霉变、色变、味变、烹调不当、鱼肉腐烂不食。陶冶性情,喜欢音乐,乐于山水,早睡早起,这些对于今天的我们来说仍有许多可取之处。

※富兰克林的修养法则

富兰克林给自己制定了13条自我修养的准则,下面是其中的几条:

静默:于人无益者不言,禁琐屑之谈。

诚挚:不做伤人之举,思想公正,说话时心出诚意。

正直:成人之美,不成人之恶。

涵养:不走极端,禁绝怒念。

贞洁:节欲,保健康。不损己或他人名誉。

谦虚:学习别人长处,尤其学习伟大人物的特点。

第七章　爱国·理想·信念

第一节　爱国

一、即评美辞

忧国忧民　　舍生取义　　虽死犹生　　视死如归　　高风亮节
从容就义　　赤胆忠心　　披肝沥胆　　赤心报国　　以身许国
碧血丹心　　浩气长存

二、即评佳句

中外谚语

祖国的尊严重于一切。（中国）

天下兴亡，匹夫有责。（中国）

欲安其家，必先安于国。（中国）

忧国忘家，捐躯济难，忠臣之志也。（中国）

人心思安，国家思定。（中国）

英勇才算真豪杰，爱国方是大丈夫。（中国）

名人箴言

我赞美目前的祖国，更要三倍地赞美它的将来。——马雅可夫斯基

谁咒骂他的国家，谁就抛弃了自己的家。——高乃依

科学没有国界,科学家却有国界。——巴甫洛夫

一身报国有万死,双鬓向人无再青。——陆游

位卑未敢忘忧国。——陆游

天下兴亡,匹夫有责。——顾炎武

捧出一颗丹心,献与亿兆生灵。——陶行知

人民不仅有权爱国,而且爱国是义务,是一种光荣。——徐特立

三、即评案例

※一位华侨的遗嘱

1973年,侨居美国近半个世纪的中国旅美画家杨令弗已是87岁高龄。她深深地思念着祖国,一连写了两封信,托美国国务卿基辛格转交给我国领导人,信中流露出对故国故土的无限深情。

她立下遗嘱,希望能把骨灰埋葬在故乡——江苏无锡的太湖之滨;把她历尽艰辛带到美国的一批珍贵文物——书画和玉器,悉数送回祖国,捐送给人民政府,以报答祖国和人民的养育之恩。

※贫贱不移赤子恋

著名数学家苏步青早年留学日本,1931年获得博士学位。当时日本不少名牌大学以高薪聘请他任教,但他想到出国留学是为了报效祖国,为穷困的祖国出力,就一一辞谢了,然后毅然回国。

回国后,他在浙江大学任教,竟一连四个月领不到工资,穷得连饭都吃不饱,而当时的日本帝国大学还答应保留他半年的工资。贫贱难移赤子恋,苏步青毫无去日本之意。

抗日战争爆发后,日本帝国大学又发来电报,请他前往任教。此时出于民族大义,他一口回绝:"我要留在自己的祖国。祖国再穷,我也要为她奋斗,为她服务!"

第二节 理想

一、即评美辞

雄心壮志　　壮志凌云　　梦寐以求　　宏誓大愿　　豪情壮志

乘长风破万里浪　　有志不在年高　　至死不渝　　天下为公

壮志未酬　　矢志不移　　励精图治　　鹏程万里　　云中之鹤

二、即评佳句

中外谚语

美好理想的实现，要靠实践的阶梯。（中国）

胸中有了大目标，泰山压顶不弯腰。（中国）

理想比彩霞还要美。（中国）

信念是前进的动力，理想是精神的支柱。（中国）

宁可身冷，不可心冷；宁可人穷，不可志穷。（中国）

穷要穷得志气，饿要饿得刚强。（中国）

有志事事成，无志事事空。（中国）

立下凌云志，敢去摘星星。（中国）

名人箴言

伟大的目标形成伟大的人物。——埃蒙斯

没有理想，即没有某种美好的愿望，也就永远不会有美好的现实。——陀思妥耶夫斯基

路漫漫其修远兮，吾将上下而求索。——屈原

大鹏一日同风起，扶摇直上九万里。——李白

生活的理想，就是为了理想地生活。——张闻天

穷且益坚，不坠青云之志。——王勃

古人成大事者，不唯有超世之才，亦有坚韧不拔之志。——苏轼

三、即评案例

※坚韧不拔的左思

左思是西晋的文学家，著有《三都赋》，然而这其中还另有故事呢。

左思少年时读了张衡的《两京赋》，深受启发，便决心将来撰写《三都赋》。这遭到了别人的嘲笑，说像左思这样的粗俗之人居然想作《三都赋》这样的鸿篇大作，简直是笑话；即使费力写成，也必定毫无价值。面对这样的羞辱，左思不为所动，矢志不移地

开始准备。他广泛查访了解,大量搜集资料,然后专心致志,奋力写作。他在房间里、篱笆旁、厕所里到处都放着纸笔,以便随时记录下想起的词句。花费了整整十年的时间,左思终于完成了《三都赋》。嘲笑他的人在惊异之余,也佩服得五体投地,只得甘拜下风。

※坚持党的理想

习近平同志在参加河北省委常委班子专题民主生活会时对大家说,有一个道理要反复讲,就是党的干部必须永不动摇信仰,矢志不渝为中国特色社会主义共同理想而奋斗。理想信念是一个国家、民族和政党团结奋斗的精神旗帜,理想信念动摇是最危险的动摇。对这样一个事关党和国家兴衰成败的重大战略问题,习近平同志高度重视,他指出,理想信念问题是一个极其重要的问题,必须经常讲、反复讲。从党和国家发展大局讲,经济建设是中心,同时必须高度注重精神建设、精神力量和精神生活;从党的建设工程讲,权力要被关进制度的笼子,同时必须补足理想信念这个共产党人精神上的"钙";从党的执政方略讲,人民群众是坚实的执政基础,崇高信仰是党的强大精神支柱,只要我们永不动摇信仰、永不脱离群众,就能无往而不胜。

※坚持理想的柴内丰

柴内丰是日本的一位普通老婆婆,从小就喜欢文学。虽然她的前半生并不是安稳的,经历了很多挫败,年轻时有过不幸的婚姻,后来一个人独居,但是她一直坚持自己的理想,即使100多岁都对理想充满了希望,老年也一直在坚持她写诗的梦想。2009年秋天,98岁的她出版了处女诗集《别灰心》诗集一经出版,销量直逼150万册,在当时的日本引起了巨大轰动。正是因为她的内心充满着理想与希望,哪怕90岁之前都默默无闻,90岁以后也可以一举成名。

第三节 信念

一、即评美辞

始终如一	至死不渝	海枯石烂	坚定不移	鞠躬尽瘁
忍辱负重	移山倒海	锲而不舍	心坚石穿	雷打不动
坚韧不拔	坚持不懈			

二、即评佳句

中外谚语

每条河流都有自己的方向。(古巴)

人无志向,和迷途的盲人一样。(朝鲜)

鸟不展翅难高飞。(朝鲜)

信心是命运的主宰。(美国)

没有目标的生活,犹如没有航标的船。(南斯拉夫)

名人箴言

人有了坚定的信念才是不可战胜的。——贝蒂

每个人总以为自己的信念都是正确的。——威·柯柏

没有信念,就没有真正的美德。——卢梭

最可怕的敌人,就是没有坚强的信念。——罗曼·罗兰

人一失掉了信念,就失掉了忠诚。——大仲马

只要厄运打不垮信念,希望之光就会驱散绝望之云。——郑秀芳

三、即评案例

※让青蛙作证人

伊凡·谢切诺夫是俄国的生理学家。

1862年,他通过对青蛙的解剖实验,发表了《蛙脑对脊髓神经的抑制》等文章,同时出版了《脑的反射》一书,为神经生理学的发展作出了很大的贡献。可是,沙俄政府竟然把宣传科学真理看成一种罪过,逮捕谢切诺夫并对他进行审讯。在法庭上,法官对谢切诺夫说:"你可以给自己找个辩护证人。"谢切诺夫平静地回答:"让青蛙做我的证人吧!"在落后势力面前,这位科学家面不改色,神色自若,因为他知道,真理是在自己这一边。

※沃尔玛创始人的信念

山姆·沃尔顿是沃尔玛的创始人。山姆对自己所坚持的信念作了如下概括:

信念一:敬业。如果热爱工作,每天就会尽自己所能力求完美,周围人不久也会被这种热情所感染。

信念二：分享。只有把同事都当作合伙人，他们才能创造出超乎想象的业绩。

信念三：激励。经常想一些新的、有趣的办法来激励合伙人，比如设置高目标，鼓励竞争，并随时进行区分；让经理们互相调换工作以保持挑战性；让每个人都去猜测你下一步的计策会是什么，但不能被一猜就中。

信念四：沟通。尽可能地与合伙人进行交流，他们知道越多，理解就越深，对事务也就越关心。情报就是力量，把这份力量给予同事后所得到的益处，将远远超出消息泄露给竞争对手带来的风险。

信念五：感激。支票与股票或许可以收买某种忠诚，但任何东西都不能替代几句精心措辞、适时而真诚的感激之词。

信念六：重功。成功要大肆庆祝，失败也不必耿耿于怀。不幸失败，也不妨穿上一身戏装，唱一首歌曲，其他人也会跟着你一起演唱。要随时随地设计出你自己的新噱头，它会迷惑对手。

信念七：倾听。广开言路，尤其是第一线的员工是最知道实际情况的，要尽量了解他们所知道的事情。

信念八：周到。要做得比客户期望的更好，不要找借口。顾客永远是对的。

信念九：实惠。为顾客节约每一分钱，这可以为你创造新的竞争优势。

信念十：创新。逆流而上，另辟蹊径，蔑视传统观念。如果每个人都在走老路，选择一条不同的路，才能获得绝好的机会。

※没有一个春天不会到来

在鼠年即将到来之际，新型冠状病毒突然闯进了中国人民的生活，这种极易感染的病毒从湖北武汉蔓延到了全国各地，感染人数与日俱增，这场疫情防控战愈发牵动着14亿国人的心。在中国农历新年的第一天，习近平主席主持召开中共中央政治局常务委员会会议，对加强疫情防控作出全面部署。在会见世界卫生组织总干事谭德塞时，习主席表示：我们完全有信心、有能力打赢这场疫情防控阻击战！这句话鼓舞了中国人民打赢疫情防控战的士气，给14亿中国人民吃下了一颗定心丸，让国人更加坚定信念，坚定不移地相信我们一定能战胜疫情取得胜利！现在疫情得到基本控制，也证明中国人民不仅做到了，而且完成得十分出色！

第八章　教育·求知·惜时

第一节　教育

一、即评美辞

为人师表　　海人不倦　　苦口婆心　　衣钵相传　　春风化雨
言传身教　　循循善诱　　教学相长　　耳提面命　　因材施教
举一反三　　触类旁通　　厚积薄发　　德艺双馨

二、即评佳句

中外谚语

百年大计,教育为本。(中国)

一年种谷,十年树木,百年树人。(中国)

致天下之治者在人才,成天下之才者在教化。(中国)

造烛求明,读书求理。(中国)

名人箴言

社会的良好教育可以从任何类型的灵魂中发展它固有的优点。——雨果

教育造就了人。——詹·考索思

普及教育是人类最伟大的发现。——霍勒斯·曼

能把握住时代思想的人即受过教育的人。——弥尔顿

教育是这一代对下一代的债务。——乔治·皮波迪

教育贵于熏习,风气赖于浸染。——郭秉文

活的人才教育不是灌输知识,而是将开发文化宝库的钥匙,尽我们知道的教给学生。——陶行知

三、即评案例

※孟子论教

孟子作为与孔子并称的大思想家,也曾对教育做过一些论述。

孟子认为,学生有五种:

第一种是修养最好的学生,只需稍加引导,如时雨加于草本,便会滋长发育起来。

第二种是长于德行的学生,再加熏陶之后,便能成为德行很好的人。

第三种是长于才能的学生,再经指导以后,便能成为通达多能的人。

第四种是一般学生,可以用问答的方式进行解惑、解疑的工作。

第五种是因地点和时间的关系不能当面受教的学生,可以闻知老师的道德学问,借自修的方法接受教育。

※南开中学门口的穿衣镜

南开中学创办于1919年,是当时一所著名的中学。

当时,在校门口内侧挂着一面大穿衣镜。学生们进校时都会不自觉地驻足停留片刻,对着穿衣镜整理自己的衣着,然后才放心地走进校园。

那面穿衣镜上还写着该校创办人张伯苓先生的一段箴言:"面必净,发必理,衣必整,纽必结。头容正,看容平,胸容宽,背容直。气象:勿傲、勿暴、勿怠。颜色:宜和、宜静、宜庄。"

把箴言写在镜上,天天对照,以督言行,这展现了张伯苓先生的良苦用心,即在办学中十分重视对学生进行文明礼貌教育。

正由于此,南开中学在那个时代开创了一种新的优良学风,培养出了许多优秀人才。

※毛泽东教育子女的故事

毛泽东在教育子女上既要求严格,又充满慈爱,他很注重对子女的教育,督促他们追求新知识,从学习中吸取智慧和力量。1941年,毛泽东在给儿子毛岸英、毛岸青的信中教育他们要在"真学问"上下功夫,为日后从事各类工作打下坚实基础。毛泽东还

十分注重培养孩子们的恒心与毅力,他经常跟孩子们说:"一个人无论学什么或做什么,只要有热情,有恒心,不要那种无着落的与人民利益不相符合的个人主义的虚荣心,总是会有进步的。"不仅如此,毛泽东强调读书不仅要读"有字之书",还要读"无字之书",要懂得把书本学习和实践学习结合起来。

第二节　求知

一、即评美辞

博览群书　　学而不厌　　不求甚解　　悬梁刺股　　凿壁偷光
手不释书　　废寝忘食　　求知若渴　　负笈游学　　困知勉行

二、即评佳句

中外谚语
若要识诗书,须下苦功夫。(中国)
书籍是心灵的养料。(意大利)
书籍之于头脑,如暖雨之于幼苗。(俄罗斯)
理想的书籍是智慧的钥匙。(俄罗斯)
笨鸟先飞早入林,功夫不负苦心人。(中国)
学如驾车登山,不进则退。(日本)

名人箴言
读一本好书,就是和许多高尚的人谈话。——歌德
书籍可以使人免于闲怠。——果戈理
书是人类进步的阶梯。——高尔基
学问是光明,蒙昧是黑暗,念书吧!——契诃夫
愈学习,愈发现自己无知。——笛卡尔
活着就要学习,学习不是为了活着。——培根
好好学习,天天向上。——毛泽东

三更灯火五更鸡,正是男儿读书时。黑发不知勤学早,白首方悔读书迟。——颜真卿

天才在于积累,聪明在于勤奋。——华罗庚

三、即评案例

※映月读书

许多古人都曾有过映月读书的切身体验。

南齐时的江泌,自小家境贫寒,白天靠做鞋为生,晚上才能抽空读书。由于家里穷,点不起油灯,他就拿书登上屋顶,借着月光读书。

白居易有诗云:"是时天无云,山馆有月明。月下读数遍,风前吟一声。"孟郊也有过"夜贫灯烛绝,明月照吾书"的诗句。可见很多古人都曾在月下读过书,尝过映月读书的滋味。

※八十二岁的状元郎

梁灏生于五代时代,却成为宋太宗时代的状元郎。他从五代后晋天福三年起一直进京应试,历经后汉和后周两个朝代。虽然屡试不中,但他绝不在意,总是自嘲地说:"考一次,我就离状元近了一步。"直到宋太宗雍熙二年,他才录取进士,被钦点为状元。梁灏一生一共考了四十七年,参加会试四十余场,中状元时已是一位满头白发的老翁了。在大年夜殿上,太宗问他的年事,他自称:"皓首穷经,少伏生八岁;青云得路,多太公二年。"言明自己年事已高,八十二岁有余了。

※"高考父子兵"同上大学

在一个教室上课,又一起进入高考考场,同时拿到录取通知书——2010年滨州高考父子王宝峰、王旭东在复读一年后,于7月下旬分别收到西安美术学院和厦门大学的录取通知书,并且两人都准备去大学继续深造,不再选择复读。其实在上一年,父子俩就已经分别被两所大学录取,"我考上了山东轻工业学院,我儿子考上了北京交通大学,但这离我们的理想大学差距还很大,所以我们选择了继续复读。"父亲王宝峰说。

第三节 惜时

一、即评美辞

千载一时　时不我待　俯仰之间　光阴似箭　白驹过隙
流光易逝　日月如梭　稍纵即逝　分秒必争

二、即评佳句

中外谚语

谁懂得时间的宝贵,谁便懂得时间的价值。(中国)

宁舍一锭金,不舍一年春。(中国)

没有时时刻刻,就没有年年月月。(中国)

有钱难买二八月,黄金难买少年时。(中国)

名人箴言

任何节约归根到底是时间的节约。——马克思

时间是伟大的导师。——伯克

时间是一个伟大的作者,它会给每个人写出完美的结局来。——卓别林

抛弃时间的人,时间也会抛弃他。——莎士比亚

时间和潮流不等待任何人。——司各特

合理安排时间,就等于节约时间。——培根

失掉了现在,也就没有了未来。——鲁迅

三、即评案例

※"活孟德"郝寿臣

被誉为"活孟德"的郝寿臣,是我国著名的京剧花脸演员。他因主演《盗御马》《逍遥津》等剧目,深受广大观众的喜爱。

他一生都在与时间赛跑。他在床头贴有"睁眼起床"的纸条,在饭桌旁的墙壁上又

贴有"赶快吊嗓"的条幅。这样,他就可以从睡觉的时间中、从吃饭的时间里,抽出一大部分时间来进行工作、学习,同时练声习步。

他的这种惜时如金的精神,终于使他在艺术风格上自成一派,也使得他名扬剧坛。

※机不可失,时不再来

这个成语讲的是两个猎人的故事。从前,有两个猎人,他们在一起打猎。一天,他们来到一个大平原上,恰在这时,有一群大雁从天空中飞过。雁还没射下来,他们两个就为吃法争论不休。一个猎人说:"射下来煮着吃,因为这群大雁比较肥,滋味一定很好。"而另一猎人却坚持要烤着吃,他说:"烤着吃好,又香又甜。"但是谁也不服谁,最后只好达成一个协议:煮一半吃,烤一半吃。于是,他们两个弯弓搭箭,准备要射雁。然而,就在他们讨论吃法的时候,那群大雁已欢快地从他们头顶飞远了。他们两个后悔莫及。后人们吸取这个教训,总结为"机不可失,时不再来"。

第九章　奉献·荣誉·情感

第一节　奉献

一、即评美辞

舍己为人　　扶危济困　　解囊相助　　雪中送炭　　守望相助
八方支援　　为人作嫁　　乐善好施　　任劳任怨　　忧公忘私

二、即评佳句

中外谚语

人不为己，顶天立地。（中国）

无私才能无畏，大公才能大勇。（中国）

予人方便，自己方便。（中国）

私心重，祸无穷。（中国）

太阳之所以伟大，在于它永远消耗自己，照亮世界。（欧洲）

名人箴言

奉献乃生活的真正意义。——阿德勒

要重返生活就须有所奉献。——高尔基

我们应当在不同的岗位上，随时奉献自己。——海塞

上天赋予的生命，就是要为人类的繁荣、和平和幸福而奉献。——松下幸之助

捧着一颗心来,不带半根草去。——陶行知

牺牲个人,以为社会;牺牲现在,以为将来。——陈天华

春蚕到死丝方尽,蜡炬成灰泪始干。——李商隐

老吾老,以及人之老;幼吾幼,以及人之幼。——孟子

三、即评案例

※以身试雷

18世纪俄国著名的科学家利赫曼,在自己的房子里安装了测试雷电的设备,用来证明雷与闪是大气中的放电现象。在设备安装好了之后,他迫不及待地等候暴风雨的来临。那一天终于到来,只见狂风怒啸,乌云翻腾,眼看雷雨即将来临。利赫曼兴奋地匆忙从外面赶回家中。正当他在测试设备前俯首观察时,一个浅蓝色的火球向他猛扑过来,他遭到了雷击。这位伟大的科学家当场死亡。

※因为奉献,所以快乐

在安徽省界首市有这样一位作家,他用敏锐的眼光观察世界,用充满真情的文字描绘生活、感悟人生,在自己平凡的岗位上兢兢业业地忘我工作,创造着人生最美的诗篇。同时,他还把生活中一次次的感动付诸笔端,把那些生活中看似平凡、实则卓越的人物,发掘出来、推介宣传出去,从而让这些人物引领、带动大家爱岗敬业、乐于奉献、助人为乐、见义勇为,谱写出一曲曲时代的文明赞歌。

他叫王瑞,是安徽省作协会员,曾出版过诗集《一树梨花》、人物报告文学集《感动与仰望》、散文集《青青的葡萄藤》。担任过十年班主任、十三年党委秘书的他,现供职于界首市委宣传部。在干好本职工作的同时,他走到哪里,就把雷锋精神传播到哪里,时刻践行着志愿服务精神,成为界首市干部队伍中一位出色的志愿者。尽管曾遭遇许多冷嘲热讽,但他毫不介意,依旧默默地投身志愿服务事业。

※"敬业奉献好人"杜富国

杜富国是"感动中国2018年度人物",中央宣传部授予他"时代楷模"称号,中央军委主席习近平授予陆军杜富国"排雷英雄战士"荣誉称号。

2018年10月11日,南部战区陆军云南扫雷大队四队在云南省麻栗坡县某雷场进行扫雷作业,作业组长杜富国带战士艾岩在一个爆炸物密集的阵地雷场搜排时,发现一个少部分露于地表的弹体,初步判断是一颗当量大、危险性高的加重手榴弹,且下面可能埋着一个雷窝。杜富国马上向分队长报告。接到"查明有无诡计设置"的指令

后,他命令艾岩:"你退后,让我来!"艾岩后退了几步。正当杜富国按照作业规程,小心翼翼清除弹体周围的浮土时,突然"轰"的一声巨响,弹体发生爆炸,他下意识地倒向艾岩一侧。飞来的弹片伴随着强烈的冲击波,把杜富国的防护服炸成了棉花状,也把他炸成了一个血人,杜富国因此失去了双手和双眼。

※ 人民的守护神

钟南山,我国工程院院士。

在2003年抗击SARS的战斗中,钟南山院士主动要求承担广东省危重SARS病人的救治工作,成为抗击SARS的领军人物。2020年初,我国新冠疫情严重时期,一直奋战在疫情防控第一线的钟南山院士呼吁大家:"减少出门次数,没有特殊的情况,不要去武汉。"在给出建议的当日傍晚,84岁高龄的他还是义无反顾地赶往武汉防疫最前线。疫情发生以来,他从广州到武汉再到北京,实地了解疫情、研究防控方案、连线媒体直播、解读最新情况……钟南山院士的行程总是被安排得满满当当的,但是他却毫无怨言,一个人默默地为人民贡献出自己的一切。

第二节 荣誉

一、即评美辞

誉满天下	如雷贯耳	举世闻名	遐迩闻名	万古流芳
名垂青史	永垂不朽	流芳百世	彪炳千秋	有口皆碑
丰功伟绩	震古烁今	光宗耀祖	衣锦还乡	

二、即评佳句

中外谚语

荣誉重于金子,声名胜过宝石。(中国)

名誉是最美丽的衣服。(中国)

人过留名,雁过留声。(中国)

上士忘名,中士立名,下士盗名。(中国)

天气虽阴总有晴,名誉扫地洗不净。(中国)

行善流芳千古,作恶遗臭万年。(中国)

名人箴言

世界荣誉的桂冠,都是用荆棘编织而成的。——卡莱尔

名誉过高实在是一种重大的负担。——福尔特尔

名誉有如生命,失去了,永远不再回来。——西拉斯

荣誉是死者的太阳。——巴尔扎克

荣誉高过一切。——屠格涅夫

荣誉在于劳动的双手 ——达·芬奇

荣誉不能寻找,任何追求荣誉的做法都是徒劳的。——歌德

与其浊富,宁可清贫。——姚崇

三、即评案例

※是金子总会发光的

北京对外贸易学院毕业的高才生连文生,无论如何也没想到他会被分配到西藏日喀则海关。那个地方太偏僻,既没有良好的工作条件,也没有舒适的生活环境,他的朋友们笑他不过是个"看门的"。这些在连文生眼中并不重要,他一人既查走私又兼征税等职,抱着"是金子总会发光"的信念,历经五年的艰苦磨炼,为成为一名优秀的"海关人"而努力工作着。他成功了,他的目标实现了,他终于加入了光荣的中国共产党,这对他来说是一个无上的荣誉。

※隐匿荣誉,再获荣誉

2018年末,湖北来凤县退伍军人事务局收集信息内容,一位退伍军人的物品,震惊了在场所有人,开启红布包囊,一枚枚军功章镌刻着他的荣誉,大伙儿见到了一位军功赫赫的老英雄人物张富清,他竟是拥有"老百姓元勋"等各种荣誉的"战斗英雄"。1955年,张富清藏于功名,退役转业投身湖北恩施贫困地区的基本建设。在遭受旱灾时,他领着群众上山找水源,历时四个月,给没水没电没路的贫困地区修成一条路。像这样,张富清经常没日没夜的奔忙于城镇,在他心里,能一生坚持为人民做实事便是自己最大的荣誉。

第三节 情感

一、即评美辞

情同骨肉　一见如故　患难之交　莫逆之交　体贴入微
以文会友　远亲近邻　交淡若水　心花怒放　一见钟情
日久生情　若即若离　雾里看花　云淡风轻

二、即评佳句

中外谚语

友谊是人生的灯盏。(中国)

千里送鹅毛,礼轻情义重。(中国)

只有掏出心来,才能心心相印。(柬埔寨)

名人箴言

要做真正的知己,就必须互相信任。——列夫·托尔斯泰

友谊就好比一颗星星,而爱情只是一支蜡烛。蜡烛是要耗尽的,而星星却永远闪光。——大仲马

友谊永远是美德的辅佐。——西塞罗

君子之交,淡若水;小人之交,甘若醴。——庄周

衣带渐宽终不悔,为伊消得人憔悴。——柳永

愁人心头一寸热,愁转肠中肠九折。——孔尚任

落红不是无情物,化作春泥更护花。——龚自珍

在天愿作比翼鸟,在地愿为连理枝。——白居易

身无彩凤双飞翼,心有灵犀一点通。——李商隐

三、即评案例

※高山流水

春秋时期,有一位非常著名的琴师叫俞伯牙,是当时最善于弹琴的人,但他终日弹

琴,却无人赏识。

一日,钟子期偶然听到俞伯牙的琴声,一下被这美妙的琴声所吸引。两人也从此相识,以琴会友。子期听伯牙的琴声,当激越之时,便说浩浩乎志在高山;当听到琴声回转千折时,便说荡荡乎志在流水。二人成为莫逆之交。

后来,子期因病去世了,伯牙不禁哀叹从此没有了知音。他摔坏了他最为珍爱的琴,从此再也没有弹过琴。

这个故事被人们不断传颂下来,后来便有了"高山流水"这个典故,以后人们便以此来比喻知音之间的真挚友谊。

※携手相助的贝尔夫妇

世界著名的科学家贝尔发明了世界上第一部电话。

他酷爱音乐,把自己的一生都献给了声学研究事业。然而他的爱妻米蓓尔却是个聋人。

为了照顾爱妻,贝尔承担了全部家务,谢绝外面的交际活动,到处奔波为妻子求医问药,在家耐心地教妻子手势和哑语。

妻子为了使丈夫集中精力从事他心爱的事业,也千方百计地干力所能及的事情,尽力为丈夫分担负担,减轻压力。

1876年3月10日,贝尔终于成功发明了世界上第一部电话。贝尔深情地回忆道:"我教妻子怎样'听懂'别人说话,而她却教我正确地认识和对待生活,使我感受到了人生最美好的东西。"

※国民眷侣

1987年9月,习近平和彭丽媛结婚。他们没有举办盛大的婚礼,只办了一桌酒席请了同事好友。结婚后的习近平和彭丽媛,一个是领导干部,经常外出调研;一个是军旅歌唱家,经常慰问演出。虽然聚少离多,他们总是相互理解和牵挂。习近平工作的福建冬天冷,彭丽媛不忘给他亲自缝一床被子。彭丽媛参加春晚,习近平就在家包好饺子等她回家。走上领导人岗位的习近平,与夫人彭丽媛在多个场合亮相,举手投足间,两人总是流露出自然清新的暖意。

注重家庭幸福的习近平,抱着一颗为人民做事的心,把千千万万个家庭的美好生活作为自己的奋斗目标。他说:"国家富强,民族复兴,人民幸福,最终要体现在千千万万个家庭都幸福美满上,体现在亿万人民生活不断改善上。"习近平是这么说的,也是这么做的。

第十章 才智·奋斗·机遇

第一节 才智

一、即评美辞

德才兼备　　多才多艺　　才貌双全　　辩才无碍　　举世无敌
智勇双全　　七步之才　　足智多谋　　神机妙算　　料事如神
大智大勇　　大智若愚　　精明强干

二、即评佳句

中外谚语

行行出状元,处处有能人。(中国)

才能是血汗的结晶。(中国)

才能本身并无光泽,只有在运用中才发出光彩。(中国)

无才斗力,有才斗智。(中国)

才智是人的精神武器。(中国)

名人箴言

天才是智力的特殊表现。——巴尔扎克

所谓才能,是相信自己,相信自己的力量。——高尔基

凡是有才能的人总会受到外在世界的压迫。——歌德

苦难对于天才是一块垫脚石。——巴尔扎克

有才不难,能善用其才则难。——老子

大智若愚,大巧若拙,大辩若讷。——老子

所谓才能,是相信自己,相信自己的力量。——高尔基

三、即评案例

※能者居其位

美国著名的杜邦公司,曾是世界上最大的化工企业,创办于1802年,是一家名副其实的历史悠久的老牌企业。同时,杜邦公司又是当今世界上为数很少的典型的家族式企业。

该公司从创建到现今仍经营不衰,有很多原因,其中"能者在位"是最为重要的原因。公司历任的董事长均由杜邦家族的成员出任,但第九任和第十任的董事长则非杜邦家族的成员。因为该公司有条规定,不准搞"世袭",主要是看能力。另外,公司第六任董事长彼尔·杜邦的儿子,一直到60岁才退休,退休时还是公司的秘书。由此可见,杜邦公司在用人上是任人唯贤的典范。

※人才流动的保障

西方的一些发达国家,采取了一系列措施保障人才的正常流动。

报纸、电视等媒体每天向全国公布各种人才需求信息。许多国家的政府部门也设有人才交流服务机构,汇集大量的人才需求情况和寻求职业人员的材料,形成人才供需的信息网络。

为了保证人才的合理流动,解决人事纠纷、处理人员调动、解职不当等问题,许多国家还设立了人事仲裁机构。

美国的"功绩制保护委员会"更是直接向总统和国会报告工作。

这些保障措施使无数人才在流动中找到了更适合自己的工作,从而实现了人生的最大价值。

第二节 奋斗

一、即评美辞

中流击楫　　千钧重负　　只争朝夕　　奋发图强　　负重致远
奋起直追　　全力以赴　　埋头苦干　　励精图治

二、即评佳句

中外谚语

功夫到家,石头开花。(中国)

吃得一时苦,换来万年福。(中国)

千磨万击还坚劲,任尔东西南北风。(中国)

成功是希望与奋斗的结合。(英国)

话要说瘦一点,事要办肥一点。(中国)

名人箴言

勤劳一日,可得一夜安眠;勤劳一生,可得幸福长眠。——达·芬奇

雄关漫道真如铁,而今迈步从头越。——毛泽东

吃得苦中苦,方知甜中甜。——谢觉哉

奋斗是万物之父。——陶行知

成大事者,争百年,不争一息。——冯梦龙

三、即评案例

※莫里哀死在舞台上

莫里哀不仅是一位剧作家,而且也是一位演员,他的作品大多数由他自己担任主要角色。

20多年的辛勤创作,饥饿、劳累、苦恼使他得了严重的肺病,身体十分虚弱。他在去世前,又创作了一部喜剧《心病者》。在这部喜剧上演的那天,莫里哀不顾妻子劝说,硬是带病出演。由于莫里哀病情已十分严重,因此演出时不得不经常皱眉和咳嗽。

就这样,一个患重病的人,在喜剧中正好扮演的是一个没病装病的人。莫里哀把全部身心都投入到剧中了。就在演出快结束时,莫里哀突然一声大笑,摔倒在舞台上,溘然长逝。

※下岗女工孙惠平

孙惠平是天津第一纺织机械厂的下岗女工,几年前因肠穿孔和胆病做了两次大手术,后因病下岗。

她曾学过裁缝,干过产品推销,养过哈尔滨大白兔、蝎子、蜗牛等,可终因身体不适

和环境局限而放弃。后来她到一个公办幼儿园打工,照看一个智力障碍班在她离开那里后,有三个家长仍把孩子送到她家,此举为她在家里开办智力障碍幼儿学前班奠定了基础,树立了信心。

几年来,她教育和培养了近百名智力障碍儿童。他们中大多数人的智商从刚入班的 20 左右提高到 70 左右,有九成的智力障碍儿童被各区的启智学校录取。

※ 退而不休的"老兵"

肖卿福是 2019 年感动中国十大人物之一。

自 1974 年从卫校毕业后,他便走上麻风病防治的岗位。肖卿福独立确诊、治疗麻风病新发、复发患者 300 多人,主刀康复手术 100 多例,从未出现过医疗事故。他在尽心尽力做好麻风病防治工作的同时,还利用各种机会宣传麻防科普知识,到全县各医疗单位进行知识讲座近百次。于都县黄麟乡安背康复村正是一个麻风村,医疗条件相对落后。在村里,肖卿福既要当医生又要当护理员,不管是看病还是病人的日常料理都是他一个人在做。他为病人打针、敷药、清洗溃烂的伤口,护理眼、手脚畸残的病人,给他们喂饭、喂水、抹身子,将救治麻风病人之责时时记在心上,从没有过任何埋怨。现如今 67 岁的肖卿福,仍然在麻风病防治线奋斗着。

第三节　机遇

一、即评美辞

百年难遇　　逢凶化吉　　转危为安　　绝处逢生　　云开见日
起死回生　　生不逢时　　天无绝人之路　　不失时机
乘间伺隙　　触机便发　　风云际遇

二、即评佳句

中外谚语

万物都有时,时来不可失。(中国)

近水楼台先得月,向阳花木早逢春。(中国)

来得早,不如来得巧。(中国)

运到时来,铁树开花。(中国)
顶天立地男儿汉,遭逢不遇也枉然。(中国)

名人箴言

才智和勇气必定满意地与机遇共享荣誉。——塞·约翰生
智者创造的机会比他得到的机会要多。——弗·培根
机会不会上门来找人,只有人去找机会。——狄更斯
只要抓住时机,人生就会有时来运转之日。——博莱特
机会是注意力的产物。——洛震
小的机遇往往是伟业的开始。——狄摩西尼
善于捕捉机会者为俊杰。——歌德
只有愚者才等待机会,而智者则造就机会。——培根
时来易失,趁机在速。——房玄龄

三、即评案例

※困厄产生机遇

"人生所遇到的危机就是一个绝好的机会,也就是说,人在困厄时,他的想法就会改变,反而给予他一个转机,使他涌上来无比的勇气,使他更加聪明,更加能勇往直前。因此,对人生的困厄不必恐慌,应该感谢才对。"这是日本的水泥大王浅野总一郎成名后说过的一段话。这是他自己总结人生经验和亲身奋斗的经历概括出来的一段精辟而极富哲理的话。

他 23 岁时,穿着破旧不整的衣服,无精打采地从家乡富士山来到东京。由于身无分文,又找不到工作,有一段时间,他每天都处于半饥饿状态。后来,他突发奇想,决定卖水,于是就在路旁摆起了卖水的摊子。就这样,他一步步地走下来,通过自己的拼搏和奋斗,终于成为日本的水泥大王,并创建了日本著名的浅野水泥公司。

第十一章　勤俭·财富

第一节　勤俭

一、即评美辞

克勤克俭　　修旧利废　　量入为出　　细水长流　　厉行节约
省吃俭用　　因陋就简　　淡泊明志　　精打细算　　轻车简从

二、即评佳句

中外谚语

有钱常想无钱日,莫到无钱想有钱。(中国)
新三年,旧三年,缝缝补补又三年。(中国)
学问勤中得,富裕俭中求。(中国)
阳春三月不做工,十冬腊月喝北风。(中国)
人勤,穷不久;人懒,富不长。(中国)

名人箴言

节约——穷人的财富,富人的智慧。——大仲马
天才就是无止境刻苦勤奋的能力。——莱尔
静以修身,俭以养德。——诸葛亮
贪污和浪费是极大的犯罪。——毛泽东

天下之事,常成于勤俭而败于奢靡。——陆游

勤能补拙是良训,一分辛苦一分才。——华罗庚

三、即评案例

※中国人民杰出的艺术家——齐白石

我国现代书画家齐白石,一生勤奋,"不叫一日闲过",经常以"天道酬勤"自勉。他在一生中吟诗千首,作画四万多幅,治印三千方。即使到了 90 多岁,他还是每天坚持作画,甚至有时一天连画五幅都不喊累。据统计,仅在他 93 岁高龄的那一年中,他作的画还多达六百幅。齐白石伟大成就的取得源于他临终时所言的"精于勤"。为了表彰齐白石在绘画及篆刻方面所作出的巨大贡献,当时文化部授予他"中国人民杰出的艺术家"的光荣称号。

※歌曲之王

奥地利著名的作曲家舒伯特,虽然只活了 31 岁,但他这短暂的一生却是勤奋的一生。他一生共作了 600 首歌,被世人誉为"歌曲之王"。有人这样形容他:"不管是走路还是吃饭时,他都在作曲。"

※英国女王

英国女王伊丽莎白二世经常说的一句英国谚语是"节约便士,英镑自来"。每天深夜,她都亲自熄灭白金汉宫小厅堂和走廊的灯,她坚持皇家用的牙膏要挤到一点不剩。贵为女王的她节约意识竟如此强烈,令人赞叹。

※勤俭节约的雷锋

共产主义战士雷锋在生活中处处注意勤俭,他参军后,每月领到津贴费,除了交团费、买书和必需的生活日用品外,其他的全部存入了储蓄所。他总是把袜子补了穿,穿了又补,变得面目全非了还舍不得买双新的。搪瓷脸盆和洗口杯有许多疤子,他也不愿意丢掉另买。他的内衣补了许多补丁,部队发夏装时,按规定每人可领两套单军装、两件衬衣、两双鞋,而雷锋却只领一份,他只说是"够穿了"。

第二节　财富

一、即评美辞

生财有道　　身外之物　　蝇头小利　　不义之财　　大富大贵
锦衣玉食　　琼楼玉酒　　穿金戴银　　一掷千金　　荣华富贵

二、即评佳句

中外谚语

有钱难买万万岁。（中国）

钱是人之胆，财是富之苗。（中国）

有钱男子汉，无钱汉子难（男）。（中国）

名人箴言

爱钱的人很难使自己不成为金钱的奴隶。——罗兰

爱钱是万恶之源。——萧伯纳

万恶的金钱破坏了一切关系。——列夫·托尔斯泰

是金钱把我们变成了陌生人。——茨威格

钱财如粪土，仁义值千金。——冯梦龙

金钱往往成为真正情义的障碍物。——邹韬奋

三、即评案例

※"愚型消费"

某县农业银行对 200 户农民家庭的抽样调查显示，"愚型消费"导致的户均支出达 565 元，比上一年同期增长 24.2%。"愚型消费"包括：

人情消费。从生子、拜寿、乔迁、当兵、提干到婚丧嫁娶等，送礼档次逐渐提高。

奢侈消费。逢年过节宴请宾客，婚丧嫁娶大操大办，互相攀比。

迷信消费。为祈求好命、升学、求子、治病和发财等，不惜钱财抽签、算命、相面、烧

香还愿等。

非理性消费。"麻将热""赌牌热"遍及该县城乡各地。

※女船王的不幸

举世闻名的希腊女船王,是世界女性中的首富。

这样一位船业帝国的女王,拥有数不尽的金钱,但实际上她却是一位极为不幸的女人。

她的不幸正是因为她太富有。她几乎终日都在担惊受怕中度过——担心她那幼小的女儿会被那些想发不义之财的歹徒绑架,因为她接到过这样的恐吓信。

终于有一天,女船王因焦虑过度导致心肌梗死,在阿根廷的豪华住宅里突然倒下,一命归西。

※剖身藏珠

古时候,有一个出海的人经过一座宝山,从那里拿走了一枚直径为一寸的珍珠。他把珍珠小心翼翼地揣在怀里,兴高采烈地乘着船返回。

当遇到危险时,他为了保存珍珠,咬牙忍痛,用利刃将大腿的肌肉剖开,把珍珠藏在大腿里面。

危险总算过去。他一瘸一拐地回到家,然后从大腿里取出珍珠。所幸珠子完好无损。可怜的是那人大腿溃烂,不久便一命呜呼了。

下编　实战篇

当下,即兴评述艺考题型一般分为主题命题题型和材料评述题型。进行即兴评述,提炼话题是关键。话题,指谈话中心,它是进行即兴评述表达的依据,是评述过程中始终不能动摇的中心论点。然而,话题的范围非常广泛,社会动态、旧闻新说、个人感悟、娱乐八卦都可以是话题……

近年来,随着媒体力量的逐渐壮大,大众关注的热点不断更新,即兴评述的话题命题趋势越来越贴近社会,更新速度越来越快。这无疑加剧了即兴评述的备考压力。

因此,考生不仅需要评述技巧娴熟、素材积累扎实,还需关注热点、心有"范文",便于由此及彼、以一知十。换言之,考生要将事物联系起来思考,由表及里(由外在深入内在)、由浅及深(从细微处发现深刻道理)、由近及远(由眼前到久远)、由点及面(从一点发散开)、由实到虚(由现象到本质)、由大到小(由微观到宏观)、由此及彼(由此物认识彼物)。将话题向纵深开掘,探索内核深意。

下编内容主要分为两章八节,依次为:道德理想、教育方法、励志哲理、情感交往、专业考点等,希望以此帮助考生快速定位所需参照的话题范文。其中,范文的技巧点击旨在进一步帮助考生梳理思路,强化即兴评述考点认识与备考技巧,便于考生在备考中进行类比学习,掌握学习规律,从而有效提高即兴评述水平。

第十二章　主题命题即兴评述

第一节　道德·理想

道德修养

自古以来,道德在人们心中占有重要的地位。"以德治国""主张仁政"都体现了道德对行为的指导作用。道德修身是公民道德教育的基本内容,修身于个人、于社会而言都极为重要。夫君子之行,静以修身,俭以养德,非淡泊无以明志,非宁静无以致远。修身的过程是一个渐进的过程,它体现在每一件小事当中。美德有如名香,经燃烧或压榨而其香愈烈,盖幸运最能显露恶德而厄运最能显露美德也。做一个有道德修养的人,做一个有美德的人,让生命开出最灿烂的鲜花!

范例 12-1

请谈谈诚信

刘奇才

尊敬的评委老师好!我抽到的即兴评述题目是"请谈谈诚信"。

什么是诚信?顾名思义,就是诚实守信。诚信,作为中华文明古国的传统美德,几千年来,受到人们的自觉信奉和推崇。"人而无信,不知其可也",失去诚信,必定失去发展的空间,失去坚强有力的支持,失去人格和尊严。信用乃立身之本,守住信用,就是守住人品,守住人格。老子说:"人无信不立,业无信不兴,国无信则衰。"没有诚信的个人是社会的危险品,没有诚信的民族是悲哀的民族。

诚信,是中国古代社会人际关系的精神纽带,也是人际关系的最高原则,它与仁、义、礼、智四德并列,是这四德的综合体现。子贡在问老师治理国家安全中"粮食"与"信"什么更重要时,孔子斩钉截铁地回答:"失掉粮食,因为没有粮食吃,不过是死亡,而自古以来谁都免不了死亡。如果百姓对政府不相信了,国家就无法确立了。"孔子还说:"人而无信,不知其可也。"

诚信是我们中华民族的传统文化的宝贵财富。翻开中华民族五千年厚重的文明史就会发现,中华民族历来都把"诚信"作为一种美德、一种修养、一种文明,追而求之,歌而颂之。诚信的故事俯拾皆是。商鞅立木取信,获得百姓信任,从而推行了新法;季扎挂剑了却徐国国君的心愿,传为千古佳话。同时,我们也看到,商纣失信,加速了国家的灭亡;楚怀王失信,不但忘了国,还使一代贤臣饮恨汨罗江……

不难理解,诚信是人们立身、修德、处世的根本。诚信是耀眼璀璨的阳光,它的光芒普照大地;诚信是广袤无垠的大地,它的胸怀承载山川;诚信是秀丽神奇的山川,它的壮丽净化人的心灵;诚信是最美丽、最圣洁的,它让人问心无愧、心胸坦荡。让我们守住诚信的阵地,笑看诚信之花绚丽绽放!

谢谢!

【主题定位与升华】

诚信是立身、修德、处世之根本。没有诚信的个人是社会的危险品,没有诚信的民族是悲哀的民族。

【技巧点击与应用】

第一段为开始段,考生声音要实,目光要坚定,体态要端庄,在发问时要伴有手势。第二段至第三段为叙述段落,声音可以虚实相伴,目光可以柔和、灵动,身体可以放松、前倾,在叙述时应有对象感。最后一段为结束段落,应当激情奔放,目光炯炯、摊开双臂、手势上扬,停顿片刻,给受众以强烈的情绪感染。

范例 12-2

怎样理解责任感

王秋月

尊敬的评委老师好!我抽到的即兴评述题目是"怎样理解责任感"。

责任是山,撑起了民族进步的脊梁;责任是河,流淌着中华民族的血液;责任是大地,哺育着神州大地上的代代儿女。凡是世上有生命的东西,无不有着自己的责任。

梁启超先生的《最苦与最乐》告诉我们：无论何时何地都应该尽到自己的责任。那么，责任对于我们而言意味着什么呢？

我觉得负责任对于我来说是一种对待人生的态度。很多时候我们只有尽到对自己的责任，才能够更好地肩负起对别人的责任。所以，我觉得勇于肩负自身责任的这种人生态度，对于我而言是很重要的。微软总裁比尔·盖茨曾对他的员工说过一句话让我印象很深刻，他说：人可以不伟大，但不可以没有责任心。足可见责任心对于一个人的重要性。

当奥斯特洛夫斯基用乌黑的枪口对准自己的胸口时，是对自己负责之心让他放下了手中的枪；"我是中国人，我是亚洲人，我能行！"这是刘翔慷慨激昂的肺腑之言，这也是他热爱祖国的责任之言。杜甫身居陋室尚发出"安得广厦千万间，大庇天下寒士俱欢颜"的呼吁，难道这不是他忧国忧民的真实写照吗？如果不是爱国的责任之心，范仲淹又怎能在受贬之时发出"先天下之忧而忧，后天下之乐而乐"的感慨呢？"天下兴亡，匹夫有责。"周恩来在读书的时候，有一次老师问同学们读书是为了什么，有的人说为了当官，有的人说为了赚钱，周恩来却说"为中华之崛起而读书"，我认为这句话哪怕放在此时此刻，也依然是我们作为一个当代学生应尽的责任。

保尔·柯察金曾经这样说过："人的一生应如此度过，当他回首往事的时候，不因碌碌无为而后悔……"让我们的青春焕发出无穷的力量，让我们把希望浓缩成阶梯，把脆弱冶炼成坚毅。奋起吧，让我们托起明天的太阳，谱写生命的篇章！

谢谢！

【主题定位与升华】

天下兴亡，匹夫有责。在新时代，把希望浓缩成阶梯，把脆弱冶炼成坚毅，勇敢地站起来，用责任托起明天的太阳——振兴我们的祖国。

【技巧点击与应用】

考生在即兴评述时有意与评委进行眼神接触，能起到启发引导的作用，使评委更好地理解表达内容。也可适当增加一些肢体语言，使表述更贴切。

范例 12-3

如何看待批评

文依静

尊敬的评委老师好！我抽到的即兴评述题目是"如何看待批评"。

在生活中，我们每一个人身上难免都会有这样那样的缺点，或者是哪些方面做得不尽如人意。可是我们自己却无法准确、清晰地看到自身的欠缺、看到问题所在,这时如果有人勇敢地站出来,替我们指明不足,我想我们会离成功更近一步。所以,我要说,我们要向勇敢的批评者致敬,感谢他们客观公正的意见为我们指明前行的道路,感谢他们的直言不讳让我们愈加成熟。

纵观古今,那些勇敢、正直的批评者数不胜数。唐朝初期能出现贞观之治的太平盛世,除了因为唐太宗广开言路、虚心纳谏,还有一个很重要的原因就是谏臣魏征的直言进谏。谏臣魏征死后,唐太宗说过两句有名的话:"以铜为镜,可以正衣冠;以史为镜,可以见兴亡;以人为镜,可以知得失。魏征死去,我丧失了一面镜子。"为勉励自己,他让画家在宫中绘上魏征等人的画像,每天上朝后都要去魏征的画像前走走。这足以见得谏臣魏征的历史功德是多么丰厚,他不仅得到帝王的尊敬,还受到我们这些后人的敬仰。

现代社会中,那些有良知的主持人、记者也是现代版的"魏征"。他们鞭挞丑恶,针砭时弊,求索真理,剖析人生。中央电视台的主持人白岩松,总是用一颗热情的心、一对冷峻的眼、一双勤劳的手来为电视机前的观众如实客观地报道他眼中的新闻。在他主持的《新闻1+1》节目中,我们看到了很多事实的真相,认清了社会百态。我们应该向千千万万个像白岩松一样有良知的主持人、记者致敬,感谢他们的敬业奉献,为我们这个社会增添了几分澄澈,几分公正。

我们应该向这些为国家、为社会作出贡献的批评者们致敬。当然,对那些在生活中曾经帮助过我们、为我们指出缺点的朋友,我们也应该表示衷心感谢。正是因为有了批评者们中肯的意见,国家才愈加太平,生活才愈加美好,我们才愈加成功!

谢谢!

【主题定位与升华】

向勇敢的批评者致敬,是他们,让国家更太平,让生活更美好,让我们更成功。

【技巧点击与应用】

在即兴表达时运用手势,要明确在哪些重点词、句上运用,否则会造成"用得过多不优雅,用得过少太木讷"的尴尬情况。评述此篇时肢体语言可适当运用在明显的抒发己见时。此时,声音也需配合手势变得铿锵有力。

爱国为民

回首新中国成立七十多年的艰难历程,中国人民在困境中追寻着黎明的曙光。这些困难和挫折丝毫没有使中国人民停止对强国之路的苦苦追寻,相反,我们在贫弱中勤奋探索,艰苦跋涉,奋力拼搏,终于在荆棘丛中踏出一条光辉灿烂的希望之路、一条建设有中国特色的社会主义的强国之路。短短几十年,中国发生了翻天覆地的变化,国民经济高速、稳定、健康发展,国家综合国力大大增强,城乡面貌焕然一新,人民过上了前所未有的幸福生活。相信在我们的不懈努力下,祖国会天更蓝,山更绿,水更清,经济更繁荣,人民更幸福,国力更强盛,祖国的明天会更好。

范例 12-4

中国梦给你的启示

谢 骊

尊敬的评委老师好!我抽到的即兴评述题目是"中国梦给你的启示"。

中国一直有梦想,习近平主席提出中国梦构想,要求我们广大青年必须走中国道路,必须弘扬中国精神,必须凝聚中国力量。

习近平总书记把"中国梦"定义为"实现伟大复兴,就是中华民族近代以来最伟大梦想",并且表示这个梦"一定能实现"。习近平强调:"到中国共产党成立100年时全面建成小康社会的目标一定能实现,到新中国成立100年时中华民族伟大复兴的梦想一定能实现。"我认为一个民族想要崛起富强,必须牢记历史,心存与祖国命运相关的切实梦想,也就是我们今天所说的中国梦。

还记得公元1839年6月3日,民族英雄林则徐在虎门海滩一声令下,将收缴的三百三十七万六千二百五十四斤鸦片投进了浓烟滚滚的销烟池。刹那间,数以万计的民众爆发出连波成浪的欢呼。这欢呼声连同销烟池中翻滚的烟柱一起,直冲云霄。当我们在哀叹社稷之不幸、民族之不幸、人民之不幸的同时,我们有没有想到,这种悲剧的产生,正是由于清朝政府的腐败无能、闭关自守和夜郎自大呢?有没有更深地想到,悲剧的产生,更是因为我们国民梦想的丧失。

中国梦给我的启示便是:落后就要挨打,铭记历史,才能赢得祖国繁荣。中国人一旦有了梦想,就不会任人宰割。一个多世纪以来,多少志士仁人,多少革命先辈,为了求得国家的独立、民族的解放,为了实现国家的繁荣、人民的富裕,积极寻求救国救民之路、中华腾飞之路。他们前仆后继,奋斗不息。直到在伟大的中国共产党的正确领导下,古老中华终于焕发出了生机与活力,走上了一条有中国特色的社会主义现代化的道路,开辟了人类历史的新纪元。我们唱着东方红,中国人民当家作主站起来,我们唱着春天的故事,中华民族繁荣昌盛,进入了一个飞速发展、日渐强盛的崭新时代……

生活如歌，梦想如画。正因为有"中国梦"这个大梦的支撑，我们正生活在一个崭新的时代。在一个新时代即将到来的时刻，我们的耳边再次响起了一位世纪伟人振聋发聩的声音："中国解决所有问题的关键要靠自己的发展！"是啊，只有发展，我们才能彻底地销毁林则徐在虎门所要销毁的"东亚病夫"的形象；只有综合国力强盛，近代屈辱的历史才不会重演！而这历史的使命、时代的重托，必将落在我们——今天的青年、二十一世纪主人的肩上。

"忘记过去就意味着背叛。"今天，我们重温"虎门销烟"这段历史，并不是发"思古之幽情"，而是把过去作为镜子，更好地走向未来。回眸"虎门销烟"，就是要牢记"落后就要挨打"，就是要牢记发展这个硬道理，牢记把自己的梦想与祖国的命运相联系。

谢谢！

【主题定位与升华】

把"中国梦给你的启示"紧扣祖国发展，体现出一种爱国忧民的情怀。

【技巧点击与应用】

此篇可被巧换主题为"牢记历史，以史为鉴"等，换主题时一定要减少偷换痕迹。

范例 12-5

如何弘扬正气新风

饶婷婷

尊敬的评委老师好！我抽到的即兴评述题目是"如何弘扬正气新风"。

记得著名作家臧克家先生在纪念鲁迅先生时曾经这样写道："有的人活着，他已经死了；有的人死了，他还活着……"他告诉我们一个道理：一个人无论职位高低、权势大小，只要他为国家振兴尽职尽力，为百姓福祉呕心沥血，人民都将永远记住他。众所周知，每个时代都有每个时代的精神风尚，每个人都有每个人的追求和人生。人的生命如同彩虹般灿烂却短暂，要活出怎样的精彩，要留下怎样的英名，要说出怎样的终结语，全在于自己作主、自己把握。但我们相信：每一位能以清风正气书写自己一生的人，必将活得精彩。

首先，一个国家没有新风正气，就可能亡国；一个民族没有新风正气，就可能灭族；一个单位没有新风正气，就会衰败；同样，一个人没有新风正气，则可能连"人"字的一撇一捺都无法摆正。当今的社会，物欲横流，人心躁动，充斥着各式各样的名利诱惑。人们以冲浪的速度上网，以敲打键盘的方式对话，以鼠标点击的方式沟通，孤帆远影、野渡无人的淡泊方式似乎离我们已非常遥远。有些人平时也认为对名利应该看得淡一些,可是一旦到了关键时刻,遇到具体问题,往往"看得破,忍不过;想得到,做不来"。于是,总是忍不住要去争一争。

古往今来,做人也好,为官也罢,这人生之旅,这仕官之途,都必须把路基打得扎扎实实。只要心中有正气,何愁社会无新风?

其次,人活在世上,无论贫富贵贱,穷达逆顺,都免不了要和名利打交道。对待名利,有人想步入仕途并有所作为,有人想在事业上有所建树,有人想腰缠万贯等。但我们每个人都生活在现实中,当理想一时不能实现时,我们仍要作出积极选择,依靠韧性与耐心继续完善自我。当情况恶劣时,要冷静,耐住性子,耐得寂寞,耐心地寻觅时机,积蓄力量。尽管这个过程是痛苦的,但经过艰辛的努力,当理想变成现实时,人生便得以升华。

有一句名言说:"人从一生下来到死亡,这中间的过程,就叫幸福。"是的,生命是一个过程,在这个过程中,有鲜花、有荆棘、有掌声、有泪水、有欢乐、有痛苦;在这个过程中,有人因贪欲而丧失理智、失去节制,无视道德和法律,变成金钱的奴隶,最终毁掉了自己的事业和名声;也有人将自己的追求与国家的前途、人民的利益和事业的发展紧密相连,并为此奉献毕生的心血和力量,他们的人生写着:无怨无悔!

最后,我用明代洪应明的一首诗来结束我的评述:"宁守浑噩而黜聪明,留些正气还天地。宁谢纷华而甘淡泊,遗个清名在乾坤。"

谢谢!

【主题定位与升华】

人的生命如同彩虹般灿烂却短暂,要活出怎样的精彩全在于自己把握。要用毕生的心血和力量,书写人生的华章。

【技巧点击与应用】

此篇巧用了"首先……其次……最后"等逻辑连词。考生可以将主题分解成几个论点,给每个论点的论述设定时间。这样在进行即兴评述时,既可以保证时间全部充满,又可以保持自己的语意不乱,还能让主题前后呼应。

范例 12-6

争当新时代的主人

姜 斌

尊敬的评委老师好! 我抽到的即兴评述题目是"争当新时代的主人"。

记得毛主席曾经对青年人说过:"这个世界是你们的,也是我们的,但归根到底还是你们的。"大家在听这句话的时候,一定有一种自豪感油然而生。是的,这个世界是我们的,是我们年轻人的。光阴荏苒,沧海桑田,书写历史的接力棒交到了我们的手里,我们将成为新时代的主人。

年轻人是充满朝气与希望的,我们不但有活跃的思维、旺盛的精力,而且有成熟的心志、稳健的作风。我们理应承担起历史的重任,以主人翁的姿态创造未来。那么,在日常生活中,我们应当做些什么切实可行的事呢?我认为有两点:珍惜时光和从小事做起。

从古时的"逝者如斯夫,不舍昼夜"到现在的"聪明的你请告诉我,我们的日子为什么一去不复返呢?"从"少壮不努力,老大徒伤悲"的教诲,到"子不学,非所宜;少不学,老何为"的古训,我们应该感受到,抓紧现在的分分秒秒去拓展自己的知识,增强自己的实力,对于成为一个合格的新时代主人是多么重要。

不积跬步,无以至千里;不积小流,无以成江海。新闻联播里的"劳动者之歌"介绍的都是平凡但伟大的人:公交车上的售票员,马路上的清洁工,边远山区的邮递员,社区里的维修工。他们每天做的都是一些小事情,但是却作出了大贡献。是的,做好每一件小事,就是一件大事,新时代的主人需要这样踏实且坦然的心境。

让我们珍惜时光,从身边的小事做起,肩负历史的使命,争当新时代的主人,以主人翁的姿态去创造美好的未来!

谢谢!

【主题定位与升华】

接过书写历史的接力棒,做新时代的主人。尾段点题:珍惜时光,从小事做起,以主人翁的姿态创造美好未来。

【技巧点击与应用】

此篇重在说理,引用了大量的名言,以新时代主人的使命为中心开展评述,思路简单,层层推进。所以,在说理时如果能引经据典,可以增加评委对你的知识印象分。但需要注意的是,一定要准确地记得它们的出处,以备不时之需。

青春理想

青春是勃勃的生机,是不会泯灭的希望,是一往无前的勇敢,是生命中最辉煌的色彩。青春也是一本仓促的书,没来得及细细体会就会消逝。岁月的流逝,时刻提醒我们珍惜青春,释放青春的能量,发挥青春的价值。青春,永远与理想有关。青春应该是拥有活力的,青春应该是昂扬向上的,青春应该是不断挑战的,青春应该是扬起生命的风帆不断追求人生理想的。那些远大的理想,值得我们用青春为之一搏。把握生命的航标,勇敢地追求理想,不要让青春留下遗憾,要让青春永远闪光。

范例 12-7

青春的旋律

浦仕朝

尊敬的评委老师好!我抽到的即兴评述题目是"青春的旋律"。

高尔基曾告诫青少年说:"要爱惜自己的青春,世界上没有比青春更美好的了,没有比青春更珍贵的了,青春就像黄金,你想做成什么就能做成什么。"没错,青春是美好的、坚强的、快乐的、成熟的。我们为拥有青春而自豪,为享受青春而高歌。

青春,诠释着坚强。也许你会为缝隙中的小草而伤感,为风中的残烛而叹息,为天边的落日而泛起愁云;也许,你会面对成绩单偷偷地哭泣,面对逝去的友谊而沉默不语,面对枯燥穷困的生活而潸然泪下。但是我想告诉你:你还有青春,只要你以泰然的心态去拥抱青春,青春便会给予你快乐的细胞、活泼的灵气,鼓励着你向前进。我们要坚强,摒弃不安与伤悲;我们要坚强,冲破困难与险阻;我们要坚强,去拥抱明天的太阳。叶子落了还有鲜花盛开,夕阳西下还有明月繁星来补偿,流水东去但美景依旧。坚强地奋进吧,有青春为伴,前面的道路一定会一片光明。

青春,孕育着成熟。我们拥有青春,也将拥有一颗成熟的心灵。没错,我们已不是小孩子了,青春告诉我们,我们已经长大了。我们要去寻找隐藏的绿豆,我们要去追逐明天的太阳,我们要去实现心中的理想。没有什么不可以,因为我们拥有青春。

青春在我们身上播下成熟的种子,任那风吹雨打洪水冲刷,它都在慢慢成长。它不怕那些所谓的困难挫折,反因之而更加有生命力。我想上泰山,体会那"会当凌绝顶,一览众山小"的开阔;我想登古原,遐想"夕阳无限好,只是近黄昏"的情思;我想乘兴闲游,体验"悠然见南山"的闲适。这一切都会实现的,因为我拥有青春,青春赋予我快乐和希望。

朋友们,让我们拥抱青春吧,人生仅此一回!让我们尽情去感受青春吧!因为青春之歌,正在为你我奏响!

谢谢!

【主题定位与升华】

是青春,诠释着坚强,孕育着成熟。因为拥有青春,一切都有可能实现。

【技巧点击与应用】

"排列式"也是即兴评述中最常见的结构框架。在论述层次不明确的时候,我们往往可以罗列许多事例。"排列式"的运用,能让即兴评述富有节奏感和律动感。

范例 12-8

我的未来不是梦

穆 迪

尊敬的评委老师好!我抽到的即兴评述题目是"我的未来不是梦"。

当我们呱呱坠地,降临在这个神奇而充满幻想的世界时;当我们用稚嫩的声音笨笨地喊第一声"妈妈"时;当我们对未知世界充满好奇时,我们的生命就开始燃烧,我们的热血就开始沸腾。远方就像是一块磁石,吸引着我们义无反顾地踏上征程。即使踏着荆棘,即使淌着血泪,我们也无悔无怨。因为我们相信,未来不是梦!

我相信未来,也珍惜未来。对于春天来说,秋天便是未来。是否有一个丰收的秋天,往往在春天便已确定。因此,珍惜现在也就是珍惜未来。对于我来说,未来是一颗奇异果,在睡梦中我都渴望采摘到它。伟大的爱国诗人屈原说过:"路漫漫其修远兮,吾将上下而求索。"只要心中有梦,心中有激情,路漫漫又有何惧?畅想未来,我心潮澎湃;面对未来,我慷慨激昂;挑战未来,我豪情万丈。我相信,未来就在我手中,我会用泪水伴着汗水去描绘它、实现它。

人生犹如下棋,走一步看一步的人不是高明的棋手。要赢得人生这盘棋,就必须着手现在,放眼未来,看得越远,取胜的把握就越大。未来,常系于一念之间。赵孝成王一念之差,便多了长平冤魂;大秦天王一着不慎,便添了淝水新鬼。战争如此,人生又何尝不是如此呢?所以我们要抓住这一闪念,把昨天隔在这一念之外,把未来收在这一念之中。

我热爱未来,我要用浪漫诠释风华,我要用丰富的想象去擦亮晶莹的眼眸,把大自然拥入心怀,把青春献给绿草、红花、白雪、黄沙。

我赞美未来,因为未来给了我无穷的遐想!我为未来打拼,因为我打拼出来的未来是我梦中的天堂。我相信未来,因为我的未来不是梦!

谢谢!

【主题定位与升华】

只要心中有梦,心中有激情,未来就不是梦。用泪水伴着汗水去描绘、去实现,未来就在手中。

【技巧点击与应用】

用排比段落辅助情感的抒发,对未来不同的情感修饰语是此篇即兴评述的情感表达线索,表达时应注意自然流露,不可矫揉造作。

范例 12-9

假如我有一百万

于向浩

尊敬的评委老师好!我抽到的即兴评述题目是"假如我有一百万"。

一百万对于我来说是一个庞大的数字。也许一百万不够那些奢侈的人挥霍几天;但用一百万可以在偏远山区建造几所希望小学,可以换成粮食救活许多人的生命。

每个人都希望自己是一个富人,但我认为我们不应仅仅追求物质上的富裕,更应该追求精神富裕。假如我现在有一百万,首先,我一定要拿出一部分捐给希望工程,让那一个个渴望学习的孩子能像我一样沐浴在知识的海洋,拥有追求梦想的资本,让求知不再成为奢望。我要看着这些祖国的花朵们在知识的浇灌下茁壮成长、成材。

其次,我要在大学附近开一家学生餐馆,这个餐馆并不是以营利为目的的,而是提供一些勤工俭学的工作岗位,帮助一部分贫困学子减轻经济负担,另外也可以让学生吃到营养、卫生、经济、实惠的新鲜美食。

最后,假如我有一百万,我一定会以此丰富自己的精神世界,把钱花在该花的地方,发挥好金钱的价值,同时实现自己的人生价值。

谢谢!

【主题定位与升华】

假如我有一百万,一定把它花在该花的地方,发挥好金钱的价值,同时实现自己的人生价值。

【技巧点击与应用】

即兴评述是要考生谈谈自己对某一问题的具体看法,而不是让考生写一篇理论文章或学术演讲。因此,不必把问题想得太复杂、太抽象。

苦乐荣辱

我们生活在这样一个世界:痛苦与快乐并存,荣誉与耻辱相对,失败与成功相持。苦难有很多种,幸福也有很多种;诱惑有很多种,利益也有很多种,关键看你怎么选择和舍弃。那么我们应该如何看待人生中的苦乐荣辱呢?有的人以平凡为乐,在平常的生活中发现美;有的人以美好的心境为乐,保留纯真才能快乐无忧;也有人以痛苦过后的成功为乐,这样的快乐更有意义。荀子说,"好荣恶辱"是人类的共性;孟子说,"仁则荣,不仁则辱";王通说,"痛莫大于不闻过,辱莫大于不知耻";陈继儒说,"宠辱不惊,闲看庭前花开花落;去留无意,漫随天外云卷云舒"。正确看待苦乐荣辱,亦是人生的一门学问。

范例 12-10

怎样理解"苦难是一种财富"

黄豆豆

尊敬的评委老师好!我抽到的即兴评述题目是"怎样理解'苦难是一种财富'"。

提到苦难,也许大家眼前就会浮现出凄凉的画面:极度贫乏的物质生活,难以忍受的体力透支,接二连三的灾难挫折,无以言表的精神折磨……于是,有人诅咒苦难,有人害怕苦难,有人远离苦难。但是,如果我们换一个角度来看,则不难发现,苦难可以磨炼人的意志,激发人的斗志,聚集人的智慧。古今中外,在苦难中奋起成功的例子不胜枚举。

屈原因不满奸邪当政而被长期放逐,漂泊不定的苦难生活极大地激发了他的爱国热情,让他完成了脍炙人口的政治抒情长诗《离骚》。曹雪芹在写作《红楼梦》时,身无替换衣,家无隔夜粮。正是这种"劳其筋骨、饿其体肤"的艰难生活,坚定了他彻底暴露上层社会丑行的决心。我国伟大的数学泰斗陈景润在那动乱的年代,自囚于斗室,工作、生活条件都极为艰苦,但这种苦难反而激发了他的灵感,使他最终证明了"1+2"的哥德巴赫猜想,震惊了数学界。贝多芬的一生可谓苦难重重,但他却正视苦难,谱写了流传于世的《第九交响曲》。伟大的思想家司马迁在《报任安书》中说道:"文王拘而演《周易》;仲尼厄而作《春秋》;屈原放逐,乃赋《离骚》;左丘失明,厥有《国语》;孙子膑脚,兵法修列;不韦迁蜀,世传《吕览》;韩非囚秦,《说难》《孤愤》;诗三百篇,大抵贤圣发愤之所为作也。"拿破仑也说:"人,是从苦难中滋长起来的。"这些先贤的至理名言,是否能让今天的你有所启发呢?

思想,总是在徘徊和失意中成熟;意志,总是在残酷和无情中坚强。苦难,使人深刻,叫人思索,给人智慧,让人力量增强、精神不灭。无论今天的你身处怎样的艰难困苦之中,朋友,请你振作起来,正视苦难,面对苦难,挑战苦难,用苦难去磨炼你的意志、塑造你的性格。因为,苦难,是一种财富!

谢谢!

【主题定位与升华】

苦难,使人深刻,叫人思索,给人智慧,是一种财富。面对苦难,振作精神,让生命在挫折和苦难中发光。

【技巧点击与应用】

名人例证有助于增强自己说理的力度,在即兴评述中使用效果很好。

范例 12-11

幸福是什么

叶映摇

尊敬的评委老师好!我抽到的即兴评述题目是"幸福是什么"。

幸福,似一道明媚的风景,如一幅美丽的抽象画,像一声清脆的鸟鸣……它深奥而又浅显,它巨大而又细微,那么,什么才是幸福?

青春就是幸福。吴子龙用青春描绘出一道绚丽的彩虹,写下了青春的狂傲;韩寒在小说《飞吧,少年》中淋漓尽致地呈现了青春的热情……所有人都在赞美这个黄金般的岁月。的确,青春始终会凋零,然而,此时此刻,我们拥有青春,所以我们幸福。

知足就是幸福。"天空不留下鸟的痕迹,但我已飞过。"谁说贫穷的人不幸福?谁说平凡的人不幸福?曾经奋斗过,曾经付出过,曾经拥有过,就是幸福。有一位僧人说过:"自卑来源于比较,不幸福来源于不知足。"前几天,我站在窗前瞭望天空时,忽然悟出了些什么,又望了望贴在公布栏上的成绩排名表,想到:若我能快乐地学习,快乐地生活,这就够了。如果在此基础上我的成绩较好,那我就太幸运了。忽然,幸福感涌上心头。

活着就是幸福。"头顶着太阳,我能大声呼喊。即使跌倒了,我还能仰望蓝天,活着真好!"这句话出自《一公升眼泪》这本书,是一位患有绝症的小女孩说的。"我曾经无数次想到了死,但我办不到,因为爱我的人都活着,所以我的幸福还活着!"这句话源于史铁生的一篇文章,那是双脚瘫痪的他对生活的咆哮。"活着,只要能活着,即使失去,即使孤单,但仍能平淡地幸福着……"这句话出自《活着》这本书,是作者看着福贵远去的身影,消失在余晖中时发出的感叹。

幸福,无处不在。只要我们还拥有笑的权利,那么幸福就会一直陪伴着我们。什么是幸福?其实,什么都可以是幸福。只要喜欢,我们就能幸福。

【主题定位与升华】

幸福是什么?是青春,是知足,是活着。其实,什么都可以是幸福。只要喜欢,我们就能幸福。

【技巧点击与应用】

此篇紧扣幸福的定义回答,是"问题式"结构的即兴评述。以排比并列构篇,一气呵成。

范例 12-12

请谈谈对荣誉的理解
莫耐议

尊敬的评委老师好!我抽到的即兴评述题目是"请谈谈对荣誉的理解"。

法国思想家孟德斯鸠曾经说过:"光荣是我们获得的新生命,其可珍可贵,实不下于天赋的生命。"歌德也有一句名言:"你若失去了财产,你只失去了一点点;你若失去了荣誉,你就丢掉了许多。"

军人视荣誉为生命,他们以自己的一言一行、一举一动捍卫个人、集体乃至国家的荣誉。可以说,荣誉感是团队的灵魂。一个没有荣誉感的团队是没有希望的团队,一个没有荣誉感的员工不会成为一名优秀的员工,对此我深信不疑。美国西点军校的《荣誉准则》写着:"每个学员决不说谎、欺骗或者偷窃,也决不容许其他人这样做。"西点赋予学员的荣誉意识,让他们的学员在任何一个团队中都大受欢迎。正是荣誉感鼓舞着人们不断进取、努力工作,去创造骄人的成绩。

有位老将军这样告诫那些披红戴花的士兵:"荣誉也是把'双刃剑'啊!如果你把它当作崭新的起点,你就会百尺竿头、再铸辉煌;如果你把它当作歇脚的凉亭,你就会故步自封、碌碌无为;如果你把它当作索取的资本,你就会心生妄念、走偏走邪。"老将军的这番话,至真至切,耐人寻味。所以我们要树立正确的荣誉观。居里夫人一生中共得过包括诺贝尔奖在内的 10 余种著名奖项,得到国际高级学术机构颁发的奖章 16 枚,世界各国政府和科研机构授予的头衔 100 多个。但是她一如既往地谦虚谨慎,甚至让自己的女儿把奖杯当玩具。伟大的科学家爱因斯坦评价她说:"在我认识的所有著名人物里面,居里夫人是唯一不为盛名所颠倒的人。"英国物理学家法拉第建树卓越,蜚声科坛,一生中获奖无数,但他从不佩戴奖章。他说:"我不能说这些荣誉不珍贵,不过我从来不是为了追求这些荣誉而工作的。"珍惜荣誉而不被荣誉所累,功成名就而不被功名所惑,这种对待荣誉的正确态度,值得我们每一个人学习。

荣誉是无处不在的,无论何人都有争得荣誉的权利。我认为在一个学校里要争得荣誉,就应从小事做起,从个人做起,从现在做起,做一个自觉遵守学校规章制度的人。

为了明天的荣誉,让我们一起努力吧!

谢谢老师!

【主题定位与升华】

从个人做起,从现在做起,珍惜荣誉,创造荣誉,而不被荣誉所累,让我们一起努力。

【技巧点击与应用】

评述时将内容与自己的生活联系在一起,可缓解场上紧张气氛。

第二节 教育·方法

人才方法

春蚕到死丝方尽,蜡炬成灰泪始干。千百年来,教师为莘莘学子撑起一片绿荫而不辞辛劳、呕心沥血。他们的爱,犹如春天的雨露,滋养着每一颗正在成长的树木。

知识是生活的明灯,人才是国家的脊梁。在芸芸众生中,也许很多人总是显得渺小,但是每个人都必须不断汲取知识,尽其所能,争取成为国家的有用人才。"天生我材必有用",在这个多元化的社会,我们不必因为无才而沮丧,不必因为失意而气馁,而应该找到自己的发光点。

范例 12-13

争当有用之才

佚 名

尊敬的评委老师好!我抽到的即兴评述题目是"争当有用之才"。

争当有用之才,从认识自我开始。我们知道,在事业上有所作为的人,无不是能清楚地认识自我的人。唯有认识自我,方能设计自我,创造自我。

培根说:"认识自己,比认识世界更难。"人世间有多少人,胸无半点志向,只是浑浑噩噩地活了几十年,而他们一蹶不振、沉沦丧志的原因,归根到底,是没有把握好自身存在的价值,没能很好地认识自我。记得诗坛豪杰李白在《将进酒》中,留下了不朽的名句:"天生我材必有用,千金散尽还复来。"我觉得,"天生我材必有用"应该成为我们自我肯定和鼓励他人的至理名言。

李白有过情困、有过拮据、有过失去朋友的怅惘、有过失业的无奈、有过贬官的打击……但是他豪爽乐观,发出"天生我材必有用"的响亮声音,而且还潇洒自信地进取,怎不让人钦敬感慨! 抚今追昔,今日青年常叹息读书苦、工作难、失业潦倒、生不逢时……在任何挫折失败面前望而却步者,终无法开启智慧大门,而勇于开逆风船、不屈不挠者才能有所成就的。

道尔顿从小生活在乡村,对城市生活一窍不通,被人说是上帝造就的"多余人",然而他成了近代化学伟大的奠基者。

让我们细想一下,不论男女老幼、无论高矮胖瘦、不管求学多少、不论贫富贵贱……虽每人的人生路途平坦崎岖有别,但只要努力,不被困难吓倒,确实每人必有其用武之地!

父母经常希望自己的儿女成为十全十美的人,而他们殊不知世界上没有十全十美的人,人人都有缺点与不足。诸葛亮神机妙算,善于出谋划策,而他不能在阵前杀敌。东汉唯美主义思想家王充说过:"大羹必有淡味,至宝必有瑕秽,良工必有不巧,世上无尽唯美主义之物。"人也如此。

天生我才必有用武之地,别再妒忌那属于别人的机遇,别责备今天还没成功的你,你不比哪一颗星暗,你不比哪一棵树低。请记住一句话:认识自我,争当有用之才。

谢谢!

【主题定位与升华】

中心转换句是"争当有用之才,从认识自我开始。"

【技巧点击与应用】

此篇首段缩小主题范围,巧用"偷换概念"的方式成功地将"争当有用之才"偷换成"认识自我",平铺直叙,直击中心,结构布局巧妙。

范例 12-14

兴趣与成才的关系

周 斌

尊敬的评委老师好! 我抽到的即兴评述题目是"兴趣与成才的关系"。

我觉得兴趣是最好的老师。如果没有兴趣,学习就会变成永无止境的黑夜,而学者就好比狱中的囚犯,终日饱受折磨。所以,要想获得良好的学习成绩,就必须培养学习兴趣。有了兴趣以后,就会愿意学习,就会事半功倍;反之,则只能事倍功半。而对于我们而言,好好学习便是成才的第一步。

其实,每一个人都是有上进心的,尤其是中学生,我们的本性都是向上的,都希望把学习搞好。然而,有的学生似乎天生对学习不感兴趣,事实是这样吗?

我隔壁的初中生王峰是一个让老师和父母头疼的孩子,因为他有一个毛病:上课时爱睡觉,平时一学习就感觉累。他的父母总是抱怨儿子没出息、不争气,平日里没少批评甚至打骂他,可王峰依旧我行我素,就是对学习不感兴趣。他的爸爸曾经采取过"督学"的办法,在儿子学习时搬一把椅子坐在他旁边,可效果不好还弄得父子关系紧张。

不过,王峰并不是一无是处,他非常喜爱体育和美术,各项运动成绩在全校都名列前茅,他画的画还在区里展览过。有一次,王峰感冒了,却一定要坚持上学,因为那天有体育课。为此,王峰的父母不禁连连叹息:儿子如果能把踢球、画画儿的精神头儿转移到文化课学习上该有多好!

事实上,像王峰这样的学生并不少见,很多孩子都有自己的爱好,而且都在这一方面有一些成果,但就是不爱学习,一拿书本就没精打采。同样对于学习,为什么有的同学能乐此不疲、全神贯注,有的则感到十分厌烦、苦不堪言、心不在焉呢?这就是由于他们有强弱不同的学习兴趣。当一个人被迫做一件不感兴趣的事情时,往往还没做呢,就开始累了。接下来去做,就更累了。而且一边做一边心里还有怨气。科学研究表明:如果一个人对所从事的活动有兴趣,那么,他的积极性就高,就可以发挥其全部才能的80%;如果一个人对他所从事的活动没有兴趣,那么,他的积极性就低,只能发挥其全部才能的20%左右。对于学习当然同样如此。这样一想,你就知道自己为什么一学习就愁眉苦脸了,因为你对学习没有兴趣,准确地说,是你没有找到学习中的兴趣。

事实上,求知应该是主动的行为,快乐的过程。在苦闷的状态下学习,缺乏认知的主动性,便容易产生厌学情绪,陷入恶性循环。而兴趣是成才的利器,快乐学习才能收获成长,逐步成才。

谢谢!

【主题定位与升华】
兴趣是成才的利器,快乐学习才能收获成长,逐步成才。
【技巧点击与应用】
用兴趣与学习的关系间接论证兴趣与成才的关系,巧妙地用说理的方法进行过渡。

范例 12-15

名师出高徒

王 琴

尊敬的评委老师好!我抽到的题目是"名师出高徒",对此我的观点是肯定的。

先说何谓"名师"。韩愈《师说》有云："师者,所以传道授业解惑也。"老师即传授各种道理,教授学生知识,解答学生在学习生活中面临的各种问题的人。师者,要做到"传道",首先必须"有道",即品行高尚,修养良好,待人有理;能"授业",则要求老师至少做到"术业有专攻",更高一点,则要求学识渊博,涉猎广泛。仅有知识,最多只能称得上学者;不懂教育方法,没有良好的表达能力,便不能很好地传授学生知识。"解惑",要求老师能够解答学生的各种疑惑,既包括知识方面的,也包括为人处世等方面的。这一点,对学生有着深远而巨大的影响。名师,可以让一位迷茫的学生,重新对前途充满自信;与之相反,庸师只会让学生花费无数的金钱和时间彳亍在漫漫的求解之路中。

再说何谓"高徒"。高徒应"青出于蓝而胜于蓝",可以以自己的成就使自己流芳百世者。只一味墨守成规、不懂创新突破的学生,不过是名师的"复制品",终究超不过自己的师傅。正如俗语所说:"师傅领进门,修行在自身。"有一个好老师,只意味着有着一个高一点的起点,并不代表就能一步登天。名师可以教给你如何去攀登知识的高峰,可以指引你前进的方向,甚至给你一个架桥的梯子,但是去做、去实现的人永远只能是你自己。只有自己脚踏实地,勇于求索,奋力拼搏,开拓创新走出自己新的足迹,才能脱颖而出,成就自己,攀上顶峰。

名师出高徒,怎么出？简而言之,这是师徒双方共同成就。作为名师,应倾己之能,言传身教,培养徒弟;作为高徒,应求学、乐学、要学、好学,承师之精魂,发扬光大！如是而已。

名师能给学生的,不仅仅是知识,更是立身处世的根本。只有自己言传身教才是熏陶学生的最佳方法。高徒要学的,也不仅仅是知识,更要学得做人的根本法则。

这就是我理解的名师出高徒。

谢谢！

【主题定位与升华】

名师,传道授业解惑,言传身教立身处世之根本。高徒,奋力拼搏,成就自我,懂做人之法则。此谓名师出高徒。

【技巧点击与应用】

此篇由"先说—再说—怎么出"为线索,逐一阐述自己的观点,思路清晰,是常见的"递进式"结构框架。当我们的举例比较清晰,为了突出主题与强调重点时,就可以采取这种"一步一步由小到大"的方式,这样既能升华主题,也能突出重点。

求知惜时

一寸光阴一寸金,寸金难买寸光阴。我们曾设想过穿越时空,我们曾同时间赛跑,我们曾试图抓住流逝的时间,可是都无济于事。逝者如斯夫,不舍昼夜。为了不留遗憾,为了不被时间抛弃,我们必须利用好每分每秒,活在当下,珍惜今天。出生、成长、成熟、老去是每个人必经的阶段,在青年时代,何不抓紧时间多多获取知识呢?世界上还有许多未知的事物需要我们去探索,利用有限的时间去获取无限的知识,是智者所为。

时间就是生命,珍惜时间,珍惜生命,珍惜青春,珍惜一切美好的事物。让生命的步伐欢快地舞过鲜艳的百花,舞过荡漾的荷塘,舞过飘落的枫叶,舞过纯洁的飞雪,舞向美丽的未来。

范例 12-16

昨天、今天、明天
陈世超

尊敬的评委老师好!我的即兴评述题目是"昨天、今天、明天"。

我们的一生,是由无数个昨天、今天和明天构筑的。昨天是历史,今天在创造,明天还未到来。但我们今天所做的一切,都将决定着未来。

昨天已经成为历史,无论辉煌还是失败,都已成为过眼云烟,无法改变。目光向前,憧憬未来的美好,而憧憬之后,需要的是积累,只有今天一点一滴地积累,才能使憧憬中的美好变成现实,使憧憬中的明天变成现实的今天。

伟大的科学家爱因斯坦在瑞士联邦专利局工作时,每天都快节奏地用三四个小时完成全天应做的工作,然后利用剩下的时间进行学习和研究,终于成为影响世界物理学发展的伟人。无产阶级革命家马克思也教导青年人要抓住每一个"今天",刻苦钻研,认真思索。在四十多年的时间里,他写出了《资本论》《共产党宣言》等一系列巨著,推动了世界历史的前进。

因此,抓住今天才能望到美好的明天,浪费了今天,就无法征服诱人的明天。最终,所有的明天都会变成今天,今天所做的一切,正创造着我们所憧憬的未来。为了我们美好的未来,我们要积极总结昨天,抓紧今天,规划明天,只有把握好今天,才能使我们规划的明天成为现实。

时间,犹如滔滔江水向东流,稍纵即逝。如果我们希望自己的生命充满价值,希望自己的未来如同憧憬中那样美好,那就最好不要留恋昨天,不要空谈明天,从现在开始,抓紧时间,以昨天为鉴,以明天为光,把握今天的每分每秒,认真谱写自己生命的每个当下。

谢谢!

【主题定位与升华】

总结昨天,抓紧今天,规划明天,只有把握好今天,才能使我们规划的明天成为现实。从现在开始,把握今天的每分每秒,认真谱写自己生命的每个当下。

【技巧点击与应用】

此类观点类评述以"昨天—今天—明天"为线索,用"纵观古今"的形式去阐述一个话题,对比过去、现在和未来,从而得出自己的结论。因此,讲述时一定要条理清晰,举例时尽量靠近现实而不抽象。

范例 12-17

实践出真知

郑海滨

尊敬的评委老师好!我的即兴评述题目是"实践出真知"。

毛泽东曾说:"实践是检验真理的唯一标准。"这是被实践反复证明了的。所以我想肯定地说:实践出真知。

朽木成材,需要雨露;人之成才,需要实践。实践是成才的重要途径。

如果说成才是一座美丽的岛屿,那么,实践就是通向岛屿的船,你必须去坐。如果说成才是雪山上的一朵雪莲,那么,实践就是险峰上的路,你必须去攀登。成才的过程是简单的,只要你付诸行动;成才的过程又是复杂的,只有你付诸行动。"我要成才"不是一句虚无缥缈的空话,不是空洞的理论指导,它需要实实在在地、脚踏实地地去试验、证明、总结和积累,而这个过程就是实践的过程。

空想主义最终会被淘汰。19世纪早期,法国的圣西门、傅立叶和英国的欧文,深刻揭露了资本主义的罪恶,对未来的理想社会提出许多美妙的天才设想。他们企图建立"人人平等,个个幸福"的新社会。但是,这种美好的理论终究不能付诸实践,也只能以失败告终。

对于年轻的我们来说,实践重不重要呢?答案当然是肯定的。重要!我们是建设未来的新生力量。将课堂的理论融入生活、融入社会,在融入的过程中运用,在运用的过程中检验,在检验的过程中修改,在修改的过程中完善,在完善的过程中证明,在证明的过程中总结,在总结的过程中积累。只有这样,我们的知识才真正有了价值,成才就会指日可待。

让我们开始实践吧,因为千里之行,始于脚下;实践见真知;实践是成才的重要途径。

谢谢!

【主题定位与升华】

实践是检验真理的唯一标准,实践是成才的重要途径,将理论融入实践,一切从实践做起。

【技巧点击与应用】

"是什么、为什么、怎么办"是即兴评述类题目中一种常见的叙述模式,即先将题目进行剖析,然后紧紧围绕题目进行论述。首先解释一下话题"是什么"或叙述一下事件,然后分析为什么,最后阐述各个主体应该怎么做。

范例 12-18

知识与能力

邵万里

尊敬的评委老师好!我的即兴评述题目是"知识与能力"。

知识与能力,我们都知道它们很重要,因此,我们才孜孜不倦地追求着。然而,它们之间究竟有什么联系呢?

从哲学上讲,从知识到能力,是一个从量变到质变的过程;用数学语言来讲,知识是能力的必要非充分条件。也就是说你有知识不一定就有能力,但是你要有能力就必须要有知识。这正如建一栋大楼一样,有了99层不一定就会有第100层,但如果有第100层的话,那么就一定有99层。如果离开知识去谈能力,能力就如无源之水,无根之木,是不现实的。

纵观历史上诸多叱咤风云、名留千古的人物,无一不学识渊博、博古通今。三国里的第一英雄诸葛亮,大家都再熟悉不过了,他对蜀汉王室鞠躬尽瘁死而后已,九伐中原,多次利用锦囊妙计瓦解敌军,立下了汗马功劳。他精通战术,有着很强的作战能力。而他的才华更是令人刮目相看,被誉为"有经天纬地之才"。大家都很熟悉的毛主席,他的能力也是有目共睹的。他带领着红军一次次冲破国民党的防线,死里逃生,克服重重困难,完成了具有伟大历史意义的长征。后来,他带着工农红军解放了全中国,建立了中华人民共和国。他同时也是一位学富五车的知识分子，虽然他没接受过正规的高等教育，但他读的书却一点也不少。正是这些书、这些知识，使他获得了非凡的领军打仗的能力。

由上可知，一个人要想成功，想有非凡的能力，就必须要有知识。知识很重要，但有了知识就一定有能力吗？当然不是。从知识到能力需要一个转化过程，一个灵活运用知识而不为知识所累的过程。我相信大家都听说过纸上谈兵的故事，那赵国的赵括，可谓熟识兵法，大家都以为他很有才华。但当赵王让他领兵打仗，他却在战场上一败涂地，造成全军覆没。那些兵法、那些知识毫无用武之地。

知识诚可贵，能力价更高。二者密不可分，前者是基础，后者是目的。我们应立志成为一个知识与能力兼具的青年。

谢谢！

【主题定位与升华】

从知识到能力需要一个转化过程，一个灵活运用知识而不为知识所累的过程，我们应立志成为一个知识与能力兼具的青年。

【技巧点击与应用】

评述类似辩证类别的主题，一定要两方面都有所涉及，不能单说一面。同时，评述中表达者要保持思路清晰，不能给人混乱、颠倒的感觉；一定要眼神坚定，充满自信，不要过度紧张。在评述过程中尽量表达连贯，一气呵成，避免出现卡壳、忘词等现象，否则不仅会让考官产生疑惑，还会使自己丧失信心，增加紧张感，导致逻辑混乱。

审美思绪

大千世界不是缺少美，而是缺少发现美的眼睛。美，在生活中随处可见，须要我们用心去感受、用心去聆听。审美，是一种心理机制。当你阅读一部文学作品的时候，或者怦然心动，或者潸然泪下。当你欣赏一幅大自然名画时，你可能瞬间感到天物我合一。审美，需要认真的精神，当你投入到某种事物上时，才会有深刻的感受。

情感温暖人心，艺术点缀生命。探讨人生真谛，感悟艺术精神。为平常的生活注入艺术气息，用艺术的眼光看待事物，你会发现更多的美！

范例 12-19

什么是美

肖 韶

尊敬的评委老师好！我的即兴评述题目是"什么是美"。

美是艺术，而艺术来源于生活。在中外的艺术史上，对于美是什么主要有四种学说，即"客观精神说""主观精神说""再现说""形式说"。

"客观精神说"代表人物黑格尔认为"美是理念的感性显现"，"再现说"代表人物车尔尼雪夫斯基则认为"美是生活"，而"形式说"则认为美根源并表现于事物的形式因素。其实，关于"美是什么"的答案有很多，众说纷纭，但是都没有达到唯物辩证法的哲学高度。马克思《1844年经济学哲学手稿》的出版，为人们继续探寻"美是什么"开阔了视野。马克思认为美是"人化的自然""人的本质力量的对象化"。所以不管是艺术也好，美也好，没有人也就没有这些高雅的存在，一切都离不开人这个在社会上进行活动的主体，因此，美来源于社会，来源于人的生活。

美的艺术在生活中是多样的，因为它反映出人们在精神生活上客观需要的多样化。正如鲁迅评价《红楼梦》时所说："经学家看见易，道学家看见淫，才子看见缠绵，革命家看见排满，流言家看见宫闱秘事。"也正如莎士比亚所说："一千个读者就有一千个哈姆雷特。"美在每个人的眼里都是不同的存在。仅仅就拿雕塑艺术来说，北魏时期人们崇尚清瘦的人体美，而唐代人们则崇尚丰腴的人体美。

当然，在我们的生活中，也有一些美的艺术从生活中提炼，并能使不同阶级、不同国家、不同民族的人们产生共鸣。例如福楼拜《一颗纯朴的心》，不仅打动了当年的高尔基，作为如今的中国读者，我们同样深受感动。再比如莎士比亚的四大悲剧，几百年来受到不同时代、不同人的共同喜爱。

清朝画家石涛在《苦瓜和尚画语录·山川》中说："搜尽奇峰打草稿也，山川予与神游而迹化也。"这其实就是在表达美来自我们真真切切活着的这个世界，我们要擅于从生活中发现美、提炼美再使之跃然于笔上。

所以我认为美是艺术，而艺术来源于生活。

谢谢！

【主题定位与升华】

美是艺术，而艺术来源于生活。美来自我们真真切切活着的这个世界，我们要擅于从生活中发现美。

【技巧点击与应用】

"闭合式回答"也是即兴评述时的常用方式。运用这种方式可将过于抽象和不熟悉的主题带入熟悉的领域进行具体叙述。例如文章一开头就进行了"闭合式回答",开门见山地说出"美是艺术",从而为后面在自己熟知的领域进行大量举例做铺垫。

范例 12-20

美来自生活

刘 扬

尊敬的评委老师好!我的即兴评述题目是"美来自生活"。

在多姿多彩的世界里,有许多美的东西围绕在我们身边,只是我们没有留意它们的存在。几乎人人都喜欢美,但又有谁知道美的真正内涵呢?

美可以是一种感觉,不同人对不同事,从不同的角度,都会有不同的感觉;美也可以是一种追求,人人都在追求完美,而完美本身就是美的最高境界;美还可以是一种精神,刻苦奋斗,勤劳善良,人人为之奋斗……

事实上,美来自人的内心深处。有的人尽管有着迷人的外表,但却拥有一颗丑恶的心;有的人虽然其貌不扬,但是他的心灵是纯洁的,是美的。这使我想起了清洁工人,这份职业虽然不太起眼,但是勤劳善良的清洁工人在自己的工作岗位上任劳任怨,专心做好自己的本职工作,可见,他们的心灵是多么纯洁,多么高尚。没有这些在平凡岗位上做着平凡工作的清洁工人,我们就不会有一个舒适的、充满生机与活力的工作与学习环境。

美来自生活。地平线上第一道曙光是一种美,秋天里火红的枫叶是一种美,路上陌生人投来的一个微笑也是一种美……

罗曼·罗兰曾经说过:"生活并不缺少美,而是缺少发现美的眼睛。"的确,生活的美永远是朴素而无须雕琢的,我们不需要刻意地追求,只需要睁开发现美的那双眼睛!

美,就在我们身边,它期待我们的发现……所以,让我们用心去寻找吧!

谢谢!

【主题定位与升华】

生活的美永远是朴素而无须雕琢的,它来自人的内心深处,来自生活。美,就在我们身边,让我们用心去找寻。

【技巧点击与应用】

即兴评述的最高要求是实现真善美的统一,将真善美贯穿整个表达过程是关键。

范例 12-21

你认为最美的植物

刘亦凡

尊敬的评委老师好!我的即兴评述题目是"你认为最美的植物"。

如果你问我在这地球上最美丽的植物是什么,我的回答是小草。

它没有参天大树的挺拔,没有娇艳花朵的美丽。它的价值不能与一棵树、一朵花相提并论。它是很脆弱的,很容易被置于死地。

小草,这美却又微小的植物,蕴藏着无限的潜能和无尽的生机。我想大家都听过这么一个故事:一颗埋在地下的草籽用它纤弱的嫩芽顶开了巨大的岩石,向世界证明了自己的存在,证明了自己的力量,证明了自己坚韧不屈的精神。

这种坚韧不屈的精神也是革命时期的仁人志士所拥有的。毛泽东,中华人民共和国永远的领袖,出生于湖南湘潭韶山冲的一户普通农村人家。他凭着自己要改造旧中国的意志,抱着使中国伟大复兴的信念,不断努力,不畏打击,更不怯强大的敌对势力,引领着中国的穷苦老百姓创立了今天的中华人民共和国。

新中国成立后,特别是改革开放以来,社会经济发展迅速,但也有很多不和谐因素随之而来。有些人抱怨社会存在不公、丑恶和穷困,还有些长辈认为当代的中国年轻人缺乏坚韧不屈的精神,只为自己着想,不能吃苦。我认为,这些观点是片面的。诚然,优越的家庭条件会使一些人产生惰性,但我可以完全肯定并非人人都这样。有的人可能来自偏远的乡村,也可能来自城市贫困家庭,出身贫寒的他们从不介意自己的家庭条件,早早地担起了家庭的重担,宁愿自己少吃点、少用点,也要上学读书,创造属于自己的一片天空。这不就是小草坚韧不屈精神的体现吗?他们付出的代价是普通人无法想象的,他们所做的一切也不是普通人可以轻易做到的。他们是生长在城市、乡村角落的杂草,只要一点点土壤、阳光和水,就能生根发芽,紧紧地抓住大地,为自己获取生存的机会,不会因自己的卑微而放弃生存的权利。

小草是何等弱小,小草又是何等伟大,即便常常被人看不起,那又何妨,坚韧不屈永远都是小草的精神。因此,它是我心中最美的植物。

谢谢!

【主题定位与升华】

石块下的草籽用嫩芽证明着它的存在,同样坚强的还有那些尽管卑微却努力生存的人们,他们用生命诠释着坚韧不屈。

【技巧点击与应用】

评述时不能只注重表象,而要"透过现象看本质"。如何"看本质"呢？最根本的当然是进行知识储备,最直接的是深入思考。考生不能一味地去"说",而是要用心地去"想"。这篇评述把小草的美丽诠释为小草精神,很能体现表达者的思想高度以及平时对待事物的态度。

价值观点

人生是什么？人生是一幅未完成的图画,是一种物换星移的过程,是不断跨越阻碍赢得幸福的循环。生命短暂,生命的意义却可以流传千古；个人力量渺小,脱颖而出却可以惠及八方。人生没有彩排,每天都是现场直播。因此,我们不免跌跌撞撞,不免错失,不免受伤。但是我们会渐渐成长起来,不断实现属于自己的人生价值。人生需要拼搏,人生需要激情。"人生自古谁无死,留取丹心照汗青"是文天祥的人生理念；"心正而后身修,身修而后家齐,家齐而后国治,国治而后天下平"是《大学》里书写的人生价值。每个人都有其独特的人生理想,让我们拿起画笔来描绘属于自己的一片天空吧！

范例 12-22

走出人生误区

李正元

尊敬的评委老师好！我抽到的即兴评述题目是"走出人生误区"。

误区是什么？简单地说,误区就是当一个人遭受挫折、打击时,在面对下一步该怎么走的问题时,不是选择积极向上地去努力争取,而是选择悲观、失望、消沉、堕落的一种消极态度。

也许我们会为自己所取得的成功而笑容满面,同时我们可能也会为自己的失败而垂头丧气。但是,当我们面临抉择的时候,我们应该保持一颗清醒的头脑,冷静地分析问题的实质,不能轻易地陷入人生的误区而一蹶不振。

我们每个人都有自己的目标,都有自己的人生理想。为了能够达到自己的既定目标,实现自己的人生理想,我们不断地努力着,奋斗着,拼搏着!在漫长的人生奋斗历程中,我们有太多的路要走,我们所遇到的挑战也要比现在的状况严峻得多,如何应对这突如其来的困难险阻?我们应该做好充分的准备,在对待问题细节上做到认真仔细,不要轻易说放弃,而应该鼓足勇气,勇敢地接受挑战!我们应该时刻准备迎接新的挑战,不断地挑战自我,不断地完善自己。

人生充满着美好,同时也充满着活力。如何去把握这美好的人生,取决于我们如何对待人生。成功时做到胜不骄,继续发扬不断进取的优良作风;失败时做到败不馁,认真汲取经验教训,做到下次不再犯同样的错误。只有这样,我们才能顺利地到达胜利的彼岸。

没有春天的播种,就没有秋天的收获。也许,谁都可以给你一条道路,而谁都无法给你一双奔跑的腿;也许,谁都可以给你一片天空,但谁都无法给你一双腾飞的翅膀。

让我们走出人生的误区,做一个全新的自己,做一个真实的自己,做一个自信的自己。让我们笑对人生,扬起风帆,踏上遥远的旅途,不断地努力、奋斗、拼搏,去开创一片属于自己的艳阳天!

谢谢!

【主题定位与升华】

走出人生的误区,做一个全新的自己、真实的自己,笑对人生,扬起风帆,去开创一片属于自己的艳阳天。

【技巧点击与应用】

面对此类主题,首先确定并阐释概念的方法较为实用。

范例 12-23

生命的意义

黄 强

尊敬的评委老师好!我抽到的即兴评述题目是"生命的意义"。

记得有一位哲学家说过:"生命啊,若不是你两头漆黑,人们又怎么会爱上你中间的灰色?"我听了这话斟酌了半天,总觉得不是个味,好像没说到点子上。直到我最近看了一部叫《特洛伊》的影片,听了里面一位为战争而生的"杀人机器"——战神的一句话,才茅塞顿开,恍然大悟。战神对侍奉神的祭司说:"告诉你一个秘密,神是羡慕人类的,因为人有生命,而死亡让这个过程更加美丽。"因为人类有生命,所以神羡慕人类?这听起来不可思议:神不是也活着且永生不死吗?但仔细想想,这话说得太有道理了。

正因为生命如此短暂,才越发显得宝贵,人们才会去珍惜、去拼搏,努力为这堵灰色的墙抹上几丝亮丽的色彩,哪怕它最终会被时间的洪流吞没。相反,当生命变得无限绵长,当生命的终点遥不可及时,有谁还会在乎这路上收获多少呢?而谁又能说一个永无止境的生命还能被称为生命呢?

生命的短暂早已注定,由此突显的珍贵不容我们任何一个人忽视!朱自清问:"我们为什么还要白白走这么一遭呢?"抬起头吧,望望四周,看看与大家朝夕相处的同学、老师,想想曾经经历过的欢乐与感动。这一遭,我们白走了吗?世界上有60亿人,一个人与另一个人的相遇是中了那六十亿分之一的机会,而我们能聚在一起,想想是多么难得。

是的,生命的意义我悟到的不多,只有两点,第一就是珍惜。珍惜身边的每一个人,因为生命短暂而且脆弱。珍惜每一天,因为每一天都是全新的,是独一无二的。珍惜每一份心情,无论是快乐、幸福,抑或烦恼、愤怒。

而我悟出的第二点,就是勤奋。还是那一句,生命如此短暂,但是,无数个短暂的生命在一起就是永恒!想想那些使历史长河泛起一丝波澜的人们,牛顿、达·芬奇、爱迪生、孔子、孟子……他们以自己的勤奋,在不同领域作出杰出的贡献,他们被人类历史铭记,被人类世世代代地歌颂着!他们的成就,他们的精神,乃至他们的生命,被人类一代一代地传承着!

世界在我们手中!生命虽然短暂,但它的内涵可以无比丰富!让我们从现在开始充实自己,做一颗体积小但质量大的脉冲星核。愿我们都能看见自己穷尽毕生精力击起的浪花从滔滔历史长河深远的过去漫向悠远的未来。让我们在这短暂的生命中创造不朽的欢乐,让我们利用短暂,创造永恒!

谢谢!

【主题定位与升华】

珍惜每一天,因为每一天都是全新的,是独一无二的。让我们在短暂的生命中创造不朽的欢乐。

【技巧点击与应用】

精彩的开场白和有力的结尾是即兴评述成功的一半,此篇开场方式先声夺人,不失为好的范本。

范例 12-24

人生的价值

高雨晗

尊敬的评委老师好!我抽到的即兴评述题目是"人生的价值"。

一谈起人生的价值,我想很多人都会侃侃而谈,他们一般会说:"权力啊、财富啊不重要,知识才是最具价值的。"对于"知识才是最具价值的"这点,我无可否认。

可我们对这个"价值"真的认识清楚吗?

有时候,父母家人会问我们:"小伙子/小姑娘你的梦想是什么?"我们大都会回答:"考一个好大学,然后找个好工作。"但这真的是我们想要的吗?这个世界在我们看来好像就是一堆数字:考试成绩,存款余额。难道我们自身的价值就是这么一堆数字吗?

人最大的价值在于我们自己。

我们注重的应该是提升自己的能力。自身能力的提高可以使物质水平和精神水平提高,我们不能本末倒置,单纯发展枝叶而忽略了主干。人不是一堆固定的数字,人的价值更不应该由各式各样的数字界定。每一个人的潜力都是无限的,每一个人的未来都是星辰大海。

人创造了计算机、互联网、机器人、人工智能等事物,这代表着我们有创造能力,我们应该比这些东西更重要。如果我们连自己创造出来的东西都不如,那还有什么脸面称自己为"人"?

人的价值是无法真正具象化的。权力、财富不过是参天大树的一个枝丫而已。言谈、交际、动手能力等都可以是人的价值。如果一定要用一句话来概括人的价值,我想或许"不可估量"是最贴切的吧。

谢谢!

【主题定位与升华】

人最大的价值在于我们自己。人的价值是无法真正具象化的。

【技巧点击与应用】

对于类似比较大的话题,考生在评述时一定要确立中心,它是即兴评述的灵魂。必要时可以采用前文提过的"闭合式回答",将过于抽象和不熟悉的主题带入熟悉的领域进行具体举例和叙述。

第三节 励志·哲理

自信自强

人格的核心是自信,自信使人渡过一个又一个难关。如果自己都不相信自己,那么还有谁会相信你呢？长风破浪会有时，直挂云帆济沧海。有了自信，才能产生勇气、力量和毅力。有了自信，困难才能被战胜，目标才能被达成。自信是正确认识自己的才能，并且相信自己能做得很好。把自己放在一个正确的平台上，勇敢表现自己，发挥自己的价值，才能去挑战自我，超越自我。

范例12-25

年轻没有失败

张钊铭

尊敬的评委老师好！我抽到的即兴评述题目是"年轻没有失败"。

年轻是春日的竹笋、草原的新绿、出水的芙蓉；年轻是初升的太阳、远征的船帆、离弦的利箭；年轻是轰然出山的瀑布、暴风雨中的闪电、大漠风沙中的战旗；年轻是生命中无与伦比的宝贵财富。

年轻的我们尚未成熟，缺少经验，没有许多所谓的资格、资历、资本等；但我们应该知道，机遇面前人人平等，竞争面前不分老少，再成熟的水手，倘若没有充沛的精力、丰富的知识和超凡的智慧，同样随时会面临灭顶之险。

年轻的我们缺乏阅历，显得稚嫩，容易犯错，容易遭遇困惑与陷阱；但我们应该相信，年轻的我们也能获得许多谅解、支持与提携，从而使我们赢得一次次披挂上阵、突出重围的机会。

年轻的我们缺乏积累、底子薄弱，没有那些殷实的财富、令人羡慕的权利与地位，成功时的鲜花与掌声；但我们应该懂得，年轻的我们拥有更多的时间来磨砺自己，养精蓄锐，调整方向，重塑生命，迈向辉煌！

任何成功都离不开辛勤付出。因此，年轻的我们注定要选择前进与搏击，而丝毫不能选择退缩与怠慢。年轻的你千万不要浪费一分一秒，沉迷于享乐，要时刻自省、自励、自强！只有这样，你才能克服困难、战胜自我、远离平庸，成就不一样的人生。

我们现在所处的时代是一个令人心动、英雄辈出的时代。假如，你是一个真正的勇士，必将亮出年轻的旗，仰头长啸，逐鹿中原。假如，你是一位真正的水手，必将亮出年轻的旗，扯足风帆，劈波斩浪，一往无前。

"世界是你们的，也是我们的，但是归根结底是你们的。"伟人的宏音始终在我们耳畔回响。只要我们竭尽全力，真诚付出，让先辈交予的文明火炬在我们手中能熊熊燃烧，然后把它小心翼翼地传给下一代，那么，我们将前无愧于古人，后对得起来者！

风中亮出年轻的旗,上路!为了我们宏伟的事业,更为了人类美好的未来,请相信,年轻没有失败!

谢谢!

【主题定位与升华】

年轻的我们注定要选择前进与搏击,自省、自励、自强。相信年轻没有失败,为了我们宏伟的事业,更为了人类美好的未来,现在上路。

【技巧点击与应用】

此篇运用对比和排比手法,增强了表达的气势与流畅度。

范例 12-26

面对挫折

吴 伟

尊敬的评委老师好!我抽到的即兴评述题目是"面对挫折"。

人人都渴望创造不平凡的人生,但越是不平凡的人生越是布满坎坷荆棘。因此,胆小的人会在此徘徊不前,甚至倒退;只有真正的勇者才能冲破挫折的封锁,去创造自己绚丽的人生。

生命就好比一把披荆斩棘的刀,挫折则是我们面前的顽石。只有挥起生命之刀勇敢地劈向顽石,这把刀才能越磨越锋利,经受住挫折考验的人才会拥有不屈的人格。

人的一生像奔流不息的大河,总会出现漩涡,出现迂回,出现曲折。在生活中,我们总会遇到各种干扰和阻力,所以我们要学会以宽广的胸怀和平常心态去面对它们,学会接受挫折的考验。

难,往往是我们面对挫折打退堂鼓的第一理由。但是,问题真的那么难解决吗?

一次,汽车大王福特想制造一种V8型的发动机。当他同工程师们交流时,工程师们一致认为不可能制造出来。但福特仍然坚持一定要让他们想办法。不情愿的工程师们尝试了几个月后,仍没有进展。一年多过去了,所有的工程师都想放弃了。但福特仍然坚持"必须做出来"。这时一位工程师突发奇想找到了解决的办法,成功制造出了V8型发动机。

在这个故事中,福特遇到困难时没有轻易放弃,而是选择了坚持。假如我们每一个人都有他那样不轻易屈服的信念的话,那么什么挫折都不会影响我们前进。

把关注的焦点对准"难",头脑就会找出千万个理由,证明真的很"难",人就很容易屈服。畏惧使人无法真正冷静地面对问题,甚至导致行动瘫痪。

但是，假如不去问问题难不难，只问自己是否尽了最大努力，就能够轻装上阵，尽力挖掘自己的潜能，反倒容易克服困难。

人生逆境十之八九，挫折是不可避免的。但挫折并不可怕，真正可怕的在于遭受挫折后从此消沉下去，一蹶不振。所以我们必须做到：不在失败中沉沦，而在挫折中奋起！我看挫折不是拦路虎，而是催人奋进的号角，挫折能把我们磨炼得愈发坚韧，所以，让挫折来得更猛烈些吧！

谢谢！

【主题定位与升华】

人生逆境十之八九，挫折是不可避免的。我们要学会以宽阔的胸怀和平常心态去面对它，在挫折中奋起。

【技巧点击与应用】

巧改名言来结尾有助于增加即评的新意，引起考官的注意，值得借鉴。

范例 12-27

活出自我

占 芬

尊敬的评委老师好！我抽到的即兴评述题目是"活出自我"。

在社会越来越开放的今天，每个人都在试图炫出自我、张扬自我。于是，染发、文身、蹦极……各种象征潮流与个性的东西成为人们作秀的手段。朋友们，我想问问大家：我们真的需要这些东西来标榜自己与众不同吗？非也！因为我们每个人生来就是与众不同的，并不需要借助其他手段来包装自己，让自己变得与众不同。

天下没有两片完全相同的叶子，更没有两个完全相同的人。每个人都有自己独特的一面，每个人都是与众不同的。正因为如此，世界才缤纷多彩！我们每个人自出生的那一刻起就注定是无法复制的孤本，注定要完成一些特定的使命。你无法取代别人，更无法被别人取代。

假如我们的世界是一个大花园，那么我们每个人就是这个花园里的一株植物。无论你是高贵的牡丹，还是朴素的野花；无论你是挺拔的大树，还是纤弱的小草，你都是不可或缺、无法替代的。少了你，就少了一分生机！你的地位是如此重要，因为你是如此唯一。

然而，与众不同并非出类拔萃的代名词。我们总是仰望着别人的卓越，感叹着自己的平凡，以为在人生的天平上，只有卓越才等于与众不同，只有不平凡才是有个性。

我们那么盲目迷信别人头上的光环,以至于失去了自己的本色。何必呢?"各种事物都有它的极致。虎啸深山,鱼游潭底,驼走大漠,雁排长空,这就是它们的极致。"如此说来,生命的极致不就是在既定的条件下去演一场属于自己的戏吗?我们每个人都有自己的舞台和剧本,只要尽心尽力去演出,一定也能获得掌声!因此,我们没有必要把别人视为重要的东西当作自己奋斗的目标,更无须刻意模仿谁。你就是你,为自己而活,为自己的梦想坚持,在自己的路上执着。只要你把自己当主角,活出自我,你就会发现,原来你是如此与众不同!

谢谢!

【主题定位与升华】

每个人都有自己独特的一面,每个人都是与众不同的。为自己而活,为自己的梦想坚持,在自己的路上执着,活出真正的自我。

【技巧点击与应用】

采用"举例—反问—提出观点"的方法,可以迅速缩小审题范围、内容范围,全力围绕自己的观点进行补充、举例,而不是面对题目大脑一片空白,或者没有重点地乱说。这也是快速即评的有效方法之一。

坚持坚强

通往成功的道路往往充满荆棘,坎坷不平。古往今来无数的故事告诉我们,苦难是成功的必经之路。但是苦难并不可怕,只要你有足够顽强的意志和坚忍不拔的毅力,任何阻碍都可以突破。不幸是天才的晋身之阶、信徒的洗礼之水、能人的无价之宝、弱者的无底深渊。文王拘而演《周易》;仲尼厄而作《春秋》;屈原放逐,乃赋《离骚》;左丘失明,厥有《国语》。在艰难的遭遇里百折不挠,才会成就卓越人生。千磨万击还坚劲,任尔东西南北风。我们都需要拥有坚忍的意志和顽强的毅力,去迎接人生中的挑战。

范例 12-28

面对挑战

尊敬的评委老师好!我抽到的即兴评述题目是"面对挑战"。

面对挑战,我们不妨先翻开人类历史长卷。文人墨客为了"朝罢香烟携满袖,诗成珠玉在挥毫"的理想于古刹卧佛,黄卷青灯旁"夜深搔首叹飞蓬",一曲"大江东去"拨响了那个时代的一脉异音;思想家们为了"道通天地有形外,思入风云变态中"的境界,以不羁的豪放态度"散发弄扁舟,放逐山水间",成就"高高山顶立,深深海底行"的千古绝学;更有"笑谈渴饮匈奴血"的英雄为了"莫卖卢龙塞,归邀麟阁名"的信念,以"一肩挑尽古今愁"的非凡勇气金戈铁马,西北望,射天狼,树我"海气侵南部,边风扫北平"的中华国威。

面对挑战,我们也不妨走进现实生活。边防战士为了合家团圆幸福洋溢的那一刻,于大漠、海岛站岗放哨,是他们圆无数小家的团圆梦;奥运健儿为了国旗飘扬国歌奏响的那一刻,刻苦训练顽强拼搏,是他们圆了国家的奥运梦;更有科技工作者为了神舟飞船飞天举国欢腾的那一刻,夜以继日废寝忘食,是他们圆了中华民族的飞天梦。

面对挑战,可以说男儿到此是豪雄! 用"高朋满座,济济一堂"来形容今天的情形实不为过,我们来自大江南北、五湖四海。"合安利勉而为学"。换句话说,我们今天在这里学习深造正是为了迎接明天的挑战。

为天地立心,为生民立命,为往圣继绝学,为万事开太平,更是为了迎接明天的挑战,让我们努力学习吧!

谢谢!

【主题定位与升华】

为天地立心,为生民立命,为往圣继绝学,为万事开太平,更是为了迎接明天的挑战,从现在开始努力学习。

【技巧点击与应用】

用题目作为每段段首,一方面有利于呼应中心,另一方面有助于情感的真实表达。真情实感更能引起听众共鸣。

范例 12-29

成功的基石是什么

黄华银

尊敬的评委老师好! 我抽到的即兴评述题目是"成功的基石是什么"。

毅力是成功的基石。每个人都渴望成功,为成功而拼搏。信念和毅力是成功的两件法宝。具有顽强毅力的人,才是最终的胜利者。狄更斯曾说过:"顽强的毅力能够征服世界上的任何高峰。"

有这样一个美丽的传说:一位仙女幽居深舍,凡人难得一见。一天,仙女听到一阵悦耳的敲门声,心想稍等片刻再去开门,那声音很快就消失了。几天之后又有人敲门,灰心的仙女懒得去开,那人却直敲不止。仙女终于被敲门人打动,第一次打开了门。

那人凭着毅力迎来幸福的爱情。试想,如果没有毅力,双腿残疾的帕尔曼永远也不会成为举世闻名的小提琴王子。他靠什么?是毅力!

俗话说:绳锯木断,水滴石穿。历史上大凡有所成就的人,无不在事业上具有顽强毅力,一步一个脚印,踏踏实实,向着既定的目标,义无反顾地迈进,从而实现美好的理想。吴越相争,虽然越国败在吴国手下,越王勾践去吴国当差,满三年后勾践回自己的国家,他卧薪尝胆,不忘亡国之耻,终于在公元前473年一举打败了吴国。一提到长跑运动,我们就会想起马拉松。马拉松其实是一个平原的名字。公元前490年,当时的波斯欲吞并希腊,希腊士兵奋勇抗敌,最后在马拉松平原击败波斯侵略者。传令兵菲力彼得斯跑了四十多千米回到雅典,高呼胜利之后力竭身亡。

由此可见,拥有顽强的毅力对于一个向往成功的人是多么重要!每个人都有毅力,只是多和少的问题。不管我们的学业还是事业,都不免遭遇挫折和失败,如果没有坚强的毅力作为后盾,我们将永远也走不出困境。

当我们走在通往成功的道路上,不要忘记,毅力是成功道路上不可缺少的铺路石——有毅力者成,无毅力者败。

谢谢!

【主题定位与升华】

顽强的毅力能够征服世界上的任何高峰。毅力,是成功道路上不可缺少的铺路石——有毅力者成,无毅力者败。

【技巧点击与应用】

一定要运用自己熟知的名人名言,否则偏离意思只会起到反作用。用名人名言和故事进行"排比"可以填充时间,丰富内容,加强节奏,吸引考官的注意力。

范例 12-30

在平凡中坚守

徐 娟

尊敬的评委老师好!我抽到的即兴评述题目是"在平凡中坚守"。

我觉得平凡如歌。也许我们每个人都曾在学生时代怀着鸿鹄之志,幻想着将来能做出一番惊天地、泣鬼神的大事。然而,任何大事都由小事组成,因此,我们应该时常提醒自己必须学会脚踏实地地生活、认认真真地做人。诚然,当今世界瞬息万变,我们不能否认,时代需要伟人,科技发展需要思想前卫的科学家,各行各业需要管理的精英,经济社会需要商业巨头。但无论周围的世界变得多么精彩、社会变革多么剧烈,都少不了在平凡岗位上默默工作着的平凡人,他们在用自己辛勤的耕耘、无私的奉献书写着人类的历史。

　　荀子说过:"不积跬步,无以至千里;不积小流,无以成江海"。试想,如果没有平凡的人无私奉献,没有平凡的人在各自的岗位上尽职尽力,又用什么来支撑我们的国家?在当今社会中,有时心甘情愿做一个平凡的人是很难的。因为平凡的人没有鲜花,没有掌声,没有赞歌。可是他们却有一颗赤诚的心,一颗勤勤恳恳、兢兢业业为自己、为他人工作的心。"春蚕到死丝方尽,蜡炬成灰泪始干",不就是对平凡人的真实写照和充分肯定吗?

　　平凡如歌,平凡是我们的风采,这风采中有你、有我、有他;平凡如歌,平凡孕育着一切,平凡支撑着壮举,平凡正是不平凡的开始;平凡如歌,平凡是建设我们社会的基石,平凡的人是真正创造我们社会的无名英雄。从平凡人身上,我们不难看到中华民族传统美德的延续,不难看到一个民族的勃勃生机与活力。当我们登上山顶,鸟瞰城市美景时,我们从心底为建筑、绿化工人喝彩;走进学校,我们为教师们的默默付出而动容。生活,在平凡中充实;工作,在平凡中闪光;生命,在平凡中升华。印度诗人泰戈尔在他的诗中歌咏道:"花的事业是甜蜜的,果的事业是珍贵的,但是,让我们去做叶的事业吧,因为叶总是谦逊地垂着每一片绿荫。"毋庸置疑,时代需要我们去做叶的事业,坚守在平凡的岗位上,去谱写自己的人生,去点缀、打造、支撑我们的社会。

　　平凡如歌,平凡当歌,就让我们坚守平凡的事业和工作吧。

　　谢谢!

【主题定位与升华】

无论世界如何变化,都需要在平凡岗位上默默工作着的平凡人。做好平凡的事业和工作,让生命在平凡中升华。

【技巧点击与应用】

运用"排比式结构"的好处是可以让自己的评述更有感染力、更有吸引力,也能让自己看上去更有气场、更有信心。适当地加入一些重音及手势,有助于更好地发挥。

拼搏进取

　　在这样一个竞争激烈的时代,人只有不断拼搏进取才可能在社会中占有一席之地。拼搏是一种坚强的意志,进取是一种积极的心态。没有哪条道路可以一马平川,没有谁的人生可以尽如所愿。面对生活中的乱石和荆棘,我们更应该奋斗,做生活中的强者。物竞天择,适者生存。人生能有几回搏,此时不搏何时搏?爱拼才会赢,胜利永远属于那些敢于拼搏进取的人。

范例 12-31

谈谈竞争

尊敬的评委老师好!我抽到的即兴评述题目是"谈谈竞争"。

列宁曾经说过:"竞争意识在相当广阔的范围内培植人的进取心、毅力和大胆的首创精神。"竞争意识就像是催化剂,能够催生让我们奋勇前行的动力;竞争意识就像一束灿烂的阳光,可以照进我们的心底,让动力从心底油然而生;竞争意识就像是海上航船的船舵,决定着船行的方向。

竞争意识对于我们每一个人而言都很重要。竞争意识是指对外界活动产生的一切积极、奋发、不甘落后的心理反应。竞争是大自然的普遍现象,"物竞天择,适者生存"。从人的一生来看,只有具备较强的竞争意识,才能适应纷繁复杂的社会变迁。对于一个民族一个国家也是如此。战国时期,齐楚两国较强,但齐楚偏安一方,而秦国却在竞争中不断强大起来,最后统一了中国。一个强大的民族,必然有强烈的内部竞争意识;一个有希望的民族,必然有强烈的对外竞争意识。只有这样,一个民族才能自立自强。

竞争是时代的要求。没有竞争意识便无以生存,没有竞争意识便无以发展。竞争更是现代社会发展的动力,竞争意识是一个人或者一个民族进步的主观动力。就竞争而言,原始社会是人与自然的较量,而21世纪是综合国力的竞争。现代社会因竞争而不断进步,更因竞争而充满活力!你追我赶的发展竞争可使落后成为先进,社会就是遵循这种永恒的竞争法则走向现代、走向未来的。没有竞争意识,人类将会永远徘徊在野蛮时代,文明之门将无法开启。

竞争意识来源于强烈的社会责任感和对事业的执着追求,竞争意识产生于创造的欲望,竞争意识稳定于战胜困难的勇气。学会竞争、学会生存,是当今社会每个人都面临的重要课题。让我们直面现实,勇于竞争!

谢谢!

【主题定位与升华】

竞争意识催生奋勇前行的动力。学会竞争、学会生存,是当今社会每个人都面临的重要课题。让我们直面现实,勇于竞争。

【技巧点击与应用】

此篇采用了典型的三段式结构:引入名言开篇—谈是什么与为什么—呼吁受众。

范例 12-32

你敢做世间第一人吗?

赵 菁

尊敬的评委老师好!我抽到的即兴评述题目是"你敢做世间第一人吗?"

老师,我敢。

当我们为登上世界屋脊而感到无限荣耀时,是否了解第一位在珠穆朗玛峰登顶的勇士所经历的艰辛?

当我们享受着高科技产品带给我们的便利,在虚拟世界里遨游时,是否知道在世界第一台计算机上,倾注着研究人员多少智慧和汗水?

当我们看到《恰同学少年》中,青年毛泽东振臂高呼革命的口号,最终将星星之火变成燎原之势时,又是否懂得,在那个年代,成为革命第一人的无畏与豪迈?

我们亲爱的毛主席,"雨中登麓山,困时宿枫亭",是怎样的不顾一切;"人庆人悲榜上名,我自闲情笑三甲",是怎样的自信;"校长夜深情鼓励,心暖立志学悬锥",是怎样的上进;"昏灯帏下急雄谋,只人谈笑敌阵中",又是怎样的勇敢。他以忧国忧民的情怀和过人的谋略,带领中国人民建立了新中国。

现在,已不再是那个战火纷飞、民不聊生的年代;我们这一代青年人,衣着光鲜、三餐无忧。我们是幸运的,可我们也是不幸的。因为在这种安逸中,我们更加懦弱,缺乏与生活斗争的勇气和挑战未知的决心。

面对未来,我们责任重大。所以我们应当正视自己,磨炼自己,认真思索我们应该以怎样的勇气把握我们的青春和人生。

青春是一首歌,回荡着欢快、美妙的旋律;青春是一幅画,铺展着瑰丽、浪漫的色彩;青春更一次艰苦卓绝的跋涉,需要天不怕地不怕、去争去搏的壮志豪情!

韦汉梅尔说:"一个人如果不去尝试,就不能知道他能够做什么。一旦你去做了,你会发现一切可能都会变成现实。"所以,他勇敢去尝试,成为世界上第一位登上珠穆朗玛峰的盲人。

鲁迅先生曾经说过:"什么是路?就是从没路的地方践踏出来的,从只有荆棘的地方开辟出来的。"当我们上进在心、勇气加身、自信藏胸、刻苦植骨地去挑战的时候,我们也是世间第一人!愿在座你我也能成为世间第一人。

谢谢!

【主题定位与升华】

上进在心、勇气加身、自信藏胸、刻苦植骨地去挑战,天不怕地不怕、去争去搏,我们也能做世间第一人。

【技巧点击与应用】

观点明晰集中、内容有条理、结构开合有度的即兴评述更能深入人心、引人深思。

范例 12-33

梅花香自苦寒来

朱晶晶

尊敬的评委老师好!我抽到的即兴评述题目是"梅花香自苦寒来"。

正是因为开放在苦寒之中,梅花的芳香才更加沁人心脾,梅花坚韧的品质才更加深入人心。

人与梅花又何尝不是一样的呢?我们时常把那些不畏艰苦、坚韧不拔,在逆境中取得成功的人称作梅花。逆境就像是人生四季里的冬天,它让我们感到畏惧、感到寒冷。可是逆境给予人们考验、磨炼,让人们从中吸取教训、积累经验。有了这些宝贵的财富,终有一天我们可以像梅花一般在人生画卷上勾勒出最美丽的景象。

大家知道,几乎没有人的人生道路是一帆风顺的,我们随时都会遇到艰难险阻,我们缺乏的不是磨炼自己的机会,而是面对困难时的毅力。年少的我们,享受了优越的物质生活条件,接受了良好的教育,可是我们身上的浮躁不安也越来越明显。就拿我自己来说吧,在学习上、生活上遇到一些困难,就会很郁闷、很焦躁,却拿不出毅力去攻克难关,时常会半途而废。其实仔细想想,那些困难都是我静下心来多花一些精力,多尝试几次就可以克服的。

如果有机会,我们一定要在寒冬观赏梅花,静静地欣赏它那孤寂的美丽,细细地领悟它那坚韧的品格。梅花不仅在寒冷的冬天给予我们视觉上的享受,更在我们心底留下永久的鼓励,我想,这就是梅花的独特之处吧。有这样一句话——"苦尽甘来",只有经历过艰苦磨炼的人才能品尝到成功的滋味,有了艰苦奋斗与成功喜悦做对照,我们的生活才变得更加丰富充实。

"梅花香自苦寒来",这句话可以永远勉励我们,当我们身处人生的冬季时就应该想起梅花,就应该像它一样坚韧不拔。只要有毅力,只要恒心,我们也可以像梅花一样在人生寒冷的冬天绽放出最美丽的花朵!

谢谢!

【主题定位与升华】

梅花香自苦寒来。只要有毅力、有恒心,不畏艰苦,坚韧不拔,我们也可以像梅花一样在人生寒冷的冬天绽放出最美丽的花朵。

【技巧点击与应用】

用名言警句开头,再对名言警句做解释,进而提出有效、合理且贴近的观点,可以理顺自己的逻辑,为接下来的评述搭建框架。

第四节　情感·交往

和谐环境

只要人人都献出一点爱,世界将变成美好的明天。人类需要爱,社会需要和谐,只有大家共同努力,才能创造我们美好的家园。世界给予我们太多,因此每一个人都应该怀有一颗感恩之心。感恩是一种处世哲学,是一种生活态度。感恩是生活中的大智慧,能使我们感受到大自然的美妙、生活的美好,能让我们保持积极、健康、阳光的良好心态。怀着感恩的心,积极投入社会建设中去,让爱撒满人间,让世界充满阳光。和谐,永远都是我们的目标。只有处在和谐的家庭中,处于和谐的社会里,我们才能感受生活的美好,才能享受人生的幸福。生活是一面镜子,你笑,它也笑;你哭,它也哭。多一点感恩,多一点爱心,生活将更美好。

范例 12-34

如何理解爱存人间

余　鹏

(唱)"只要人人都献出一点爱,世界将变成美好的人间。"

有人曾经这样说过:有一种态度叫享受,有一种感觉叫幸福,学会面带微笑才能享受生活,懂得播种爱心才能收获幸福。

世上有很多东西,给予他人时,往往是越分越少,而有一样东西却越分越多。您也许会惊奇地问我:"那是什么呢?"那就是"爱"!不管是父母的爱,恋人的爱,还是教师对学生的爱,这些爱在不断传承、积累的过程中变得越来越丰满,所以我有理由相信,我们每个人都能在爱中徜徉。

有爱就有一切。有这样一个故事：智慧、成功和爱三位天使来到人间，一位母亲请他们去家中做客，天使们对那位母亲说："我们只能去一个，回家商量一下，再做选择。"母亲最后决定把"爱"请回家，奇怪的是，另外两位也跟着进了屋，母亲惊讶地问："你们怎么也进来了呀？"天使回答道："哪里有爱，哪里就有智慧和成功。"

故事如此，生活中更是如此。李春华用自己的生命续写了爱的诗篇，高云鹏用科学研究造福了广大百姓，陈欣、路敏用自己的青春、责任与爱心挽救了一个又一个生命垂危的白血病人，北京抱抱团用行动怀抱大爱，微尘代号掀起无名献爱心的风潮，洪水中、烈火里武警战士们用身体、用生命铸起了一道坚固的爱之墙。这爱的伟大力量亘古不变，它让我们更加有勇气在漫漫人生征途中走下去。

丹纳曾说过："有一种超越一切之上的动力就是爱。因为它能促成另外一个人的幸福，把自己的幸福隶属于另一个人，为了增进他的幸福而竭忠尽职。"是的，爱自己是一种本能，爱别人则是神圣的。当我们分享自己的爱时，你会发现你收获的不仅仅是别人的谢意，更能收获心灵的抚慰。寒风中为你的父母披上一件大衣，这是亲人之爱；困难中与朋友同舟共济，这是朋友之爱；为陌生人尽自己的绵薄之力，这是人性之爱。爱是多种多样却又是独立统一的，我们这个社会不是缺少爱，而是缺少发现爱的眼睛。爱，藏在世界的每个角落，需要你我去发现它，把它找出来给予别人。

世间的爱是永恒的，是不变的，是永存于世的。没有爱，就没有一切。甘愿给社会付出真情和爱的人，是最幸福的人，因为幸福总是偏爱那些热爱生活而乐于奉献的善良的人。

爱，使我们心灵相通；爱，使世界不再孤单。朋友们，让你我伸出温暖之手，让世界充满爱，让生活中处处开满真、善、美的鲜花吧。

谢谢！

【主题定位与升华】

只要人人都献出一点爱，世界将变成美好的人间。发现爱，传承爱，世界将不再孤单。

【技巧点击与应用】

此篇把主题巧妙地转换成"爱的奉献"，唱歌开场也适合展现考生特长。

范例 12-35

人类只有一个地球

贺 鑫

尊敬的评委老师好！我抽到的即兴评述题目是"人类只有一个地球"。

我们只有一个地球,她是我们生存的家园;我们只有一个地球,她是我们亲爱的母亲。她养育我们,给我们生存的机会,我们感激她,我们应该深深地爱着她!但我们真的如我们所说的那样对她爱得深沉吗?也像地球母亲温柔地爱着我们那样爱着她吗?我们回报她的是什么?我们回报她的是每年以一个美国陆地面积的速度增大的臭氧空洞;我们回报她的是哺乳动物以每年12%和鸟类以每年11%的速度濒临灭绝;我们回报她的是每天让150到200种生物从地球上消失……今天的我们把我们的母亲弄得满目疮痍,我们把自己的生存环境变成了这样:五分之一的人口生活在缺水的城市,14亿人口的生活环境中缺乏生活污水排放装置;全球地表土壤流失平均每年200亿吨;全球森林以每年460万公顷的速度在迅速消失,从而使地面紫外线辐射增强,皮肤癌发病率呈上升趋势……我们过度地开采石油,频繁地在这美丽的土地上用各种方式争夺地球人民共同的财富。我们用完了祖先留给我们的资源,还去预支我们子孙的财产。看看这些,我们还能那么坦然地说:地球母亲我爱你吗?

我们只有一个地球,让我们一起保护我们生活的大家园吧!我们同是地球人,是地球环境帮助我们在漫长的进化中,成为有智慧的高级生命体,我们不能把濒危的地球交给我们的子孙后代,不能让他们只在照片上认识什么是蓝天、草原、大海、花朵、树木、动物。

我们只有一个地球!我们应该保护地球母亲的今天,我们更应该给我们地球母亲一个美好的明天!

谢谢!

【主题定位与升华】

我们只有一个地球,它给我们生存的机会。让我们一起保护我们生活的大家园,给我们地球母亲一个美好的明天。

【技巧点击与应用】

用排比开头,气势磅礴。良好的开头是成功的一半,引人入胜的开头能让评委产生良好的心理定式,直至评述结束。

范例 12-36

谈谈校园安全

马燕林

尊敬的评委老师好!我抽到的即兴评述题目是"谈谈校园安全"。

校园安全到底是什么?它是一幅幅严谨的大红标语,是一条条森严的保卫制度,抑或是日复一日的说教？是，又不是。

鲜花，迎风绽放；鸟儿，自由欢唱。鸟语花香的校园里一切都是那么美好而充满活力。你我都是其中多彩的风景。当然，只有完整的生命才能绽放如此绚丽的色彩。凋落了花瓣的花朵和折损了翅膀的鸟儿都不可能再感受生命的精彩。当揪心的哭声从校园里传出，当鲜活的生命突然间被死亡扼住咽喉，当熟悉的眼神不闪动，我们的心变得如此沉重。在这里，我不想再声泪俱下地讲述那一个个发人深省的校园安全事故，也不想再声嘶力竭地强调安全的重要性。因为，那样会使人心碎，令人恐惧。然而，悲剧已经发生，警钟早已长鸣。我们需要反省，我们更要行动。

其实，校园安全的另一层内涵，我想那应该是爱，发自内心的爱。说到这里，我不由想起了一句我们熟悉的歌词："老人不图儿女为家做多大贡献，一辈子总操心就图个平平安安。"的确，操心儿女的安全是老人对儿女的爱，而关注学生的安全则是老师对学生的爱。生命，对每个人来说只有一次，热爱生活、善待生灵、敬畏生命，老师应用爱的火炬照亮每个学生。关爱生命，就是要认真倾听学生的心声，有意识地对学生进行挫折教育，让学生学会理解、学会宽容、学会礼让、学会体谅、学会承受压力，最终成为身心健康的人。

校园安全是什么？我还想说，它是一种态度，一种责任，一种幸福。把握住了安全，我们有现在的一切；守住了安全，我们肯定会有更美好的明天。愿我们——"高高兴兴到校来，平平安安回家去"。

谢谢！

【主题定位与升华】

绚烂的校园风景，需要用心呵护。我们要用爱来铸就校园安全屏障，让学生高高兴兴到校来，平平安安回家去。

【技巧点击与应用】

首尾都围绕题目中心提问，属于"提问式"即评结构。这样的结构有助于稳定评述主题表达。

人际交往

人如果没有友谊，就像被抛弃在干涸的沙漠，孤独无助，枯燥乏味。人与社会紧紧相连着，合理处理人际关系已成为一门艺术。交际很重要，友谊更珍贵。培根说："友谊不但能使人走出暴风骤雨的感情而走向阳光明媚的晴空，而且能使人摆脱黑暗混乱的胡思乱想而走入光明与理性的思考。"可见友谊之于每个人都非常重要。友谊是美丽的,友谊值得歌颂。友谊是一句关切的问候,友谊是一杯温暖的咖啡,友谊是互相帮助、互相体谅,友谊是共同分享喜悦、共同穿越阻碍。友情持续的时间或短或长,只要真诚,都能给我们生命留下美好的回忆,都能对我们的人生有积极的影响。

范例 12-37

珍惜身边的友谊

李 勉

尊敬的评委老师好!我抽到的即兴评述题目是"珍惜身边的友谊"。

意大利文艺复兴时期的著名作家薄伽丘说过:"友谊是一样最神圣的东西,不仅值得特别推崇,而且值得永远赞扬。"是啊,友谊是人世间最真挚的情谊,虽不及母爱的细致,也不及父爱的伟大,但它却时时体现出人与人之间的体贴和关怀,时时反映出人与人之间的友爱和互助。

古今中外,多少名人大家之间的真挚友谊被人们广为传诵。春秋时期的管仲和鲍叔牙,唐代的白敏中和贺拔甚,近代的鲁迅和瞿秋白,还有德国伟大的文学家歌德和席勒。他们有的是忘年之交,有的地位和身份相差甚远,但是真挚的友谊将他们的心紧紧地系在了一起。这就是一种力量,一种震撼人心的力量。

友谊的力量是伟大的,是可以战胜一切的,它甚至可以让人们放弃地位,忘却危险。

唐代政治家、文学家白敏中在年轻时,与疏言洒脱的贺拔甚是好朋友,两人一起去京城参加科举考试。当时的主考官王起很欣赏白敏中的才学,想取他为状元,但不满意他与贺拔甚的交往,于是就派人带信给白敏中。白敏中很想考中,于是拒绝了贺拔甚的来信,但事后他又后悔了,就去找贺拔甚并将事情告诉了他,然后说:"状元有什么了不起,难道有什么比朋友更重要吗?"于是两人开怀畅饮。王起知道后,反而一起录取了他们俩。

鲁迅与瞿秋白相识于1932年春夏之间,彼此一见如故,十分默契。此后他们并肩作战,结下了深厚的友谊。在白色恐怖中,瞿秋白避难于鲁迅家中,后鲁迅冒死为瞿秋白安置住处,并让他用白之的笔名发表杂文,继续为革命作出贡献。

是什么让白敏中放弃了荣誉?又是什么让鲁迅忘却了危险?是朋友之间的那份真挚的友谊。

谢谢!

【主题定位与升华】

友谊的力量是伟大的,是可以战胜一切的,它甚至可以让人们放弃地位,忘却危险。

【技巧点击与应用】

遇到类似的考题,考生最好能引用自己身边的例子进行评述,这样一来是有话可说,二来是真情实感,容易打动考官。当实在无法找到例子时,就可以借鉴此篇的办法,讲述古代或近代的名人故事。

范例 12-38

如何看待嫉妒

张 萍

尊敬的评委老师好!我抽到的即兴评述题目是"如何看待嫉妒"。

"在人类的各种情欲中,有两种最为惑人心智,一种是爱情,另一种是嫉妒。这两种感情都能激发出强烈的欲望,创造出虚幻的意象,并且足以蛊惑人心。"这是英国哲学家培根在《论嫉妒》中说的一句话,他认为爱情与嫉妒是最令人消瘦的,但爱情源于一种付出而坚持,嫉妒却源于一种迫害而不懂休息。嫉妒就是这么一种卑劣的心理,一个隐藏在心灵暗处的恶魔。

嫉妒的卑劣在于它让人产生卑劣的行为。一个爱嫉妒的人往往看不到别人的优点,自己缺乏某种情操,就一定会贬低别人的这种情操。一个爱嫉妒的人也往往不知道什么是幸福,只会通过破坏别人的幸福来安慰自己,通过发现别人的不愉快来使自己愉悦。嫉妒有时就像一颗能量巨大的炸弹,一经点燃则足以毁掉人的良知。在强烈的嫉妒心的驱使下,一个人甚至会采取种种卑劣手段,力图对他人进行攻击和伤害。

嫉妒的卑劣在于它是一把既伤人又伤己的双刃剑。爱嫉妒的人在伤害他人的同时,也在伤害自己,产生仇视心理,扭曲灵魂。从医学上说,嫉妒心强烈的人易患心脏病,而且死亡率也高。此外,还很容易神经衰弱、性格孤僻、意志消沉等。三国时期吴国的周瑜心胸狭窄,嫉妒诸葛亮的神机妙算,多次陷害诸葛亮未成,怒火中烧,以致箭伤复发,葬送了年轻的生命。

嫉妒的卑劣在于它本身的无能。只有那种不自信的、无能的人才会想到去嫉妒别人。正因为他不自信,才会担心别人超过他、比他强,把大好时光浪费在关注别人上,而忘了自己。其实,每一个埋头深耕自己事业的人,是没有工夫去嫉妒别人的。

嫉妒就是一种卑劣的心理,让人产生卑劣的行为,让人在伤害他人的同时伤害自己,让人变得无能。《圣经》说,魔鬼要趁着黑夜到麦地里去种上稗子,就是因为他讨厌别人丰收。犹如恶魔不辞劳苦地去毁掉麦子一样,嫉妒这种卑劣的心理总是在暗地里滋生,悄悄地毁灭了人的良知。

谢谢!

【主题定位与升华】

嫉妒是一种卑劣的心理,让人产生卑劣的行为,让人在伤害他人的同时伤害自己,让人变得无能。

【技巧点击与应用】

此篇运用了"闭合式回答"直接否定嫉妒这种行为,再用"段首定位法"明确中心,避免评述者自身思路混淆。

范例 12-39

请描述你如何与人相处

王 彬

尊敬的评委老师好!我抽到的即兴评述题目是"请描述你如何与人相处"。

有一个非常有趣的寓言故事,说的是地狱与天堂的区别究竟在哪里。在地狱中,众魔鬼围着大桌吃饭,他们手上都拿着长长的筷子,用这样的筷子夹到的食物是无法放进自己嘴里的,于是大家都在挨饿,个个愁眉苦脸。可是在天堂之中,众天使也围着桌子在吃饭,他们手里的筷子也同样很长很长,但是他们都夹着食物送进对方的嘴里,于是大家都能饱食,个个开心。

这个寓言告诉了我们天堂和地狱的区别。为什么会有那么大的区别呢?其实只要我们忘记自私,忘记冷漠,伸出自己的手帮助需要帮助的人,就会消除天堂和地狱之分。下面几个问题,大家看看能否作出肯定的回答:

如果你是一滴水,你是否滋养了一寸土地?如果你是一缕阳光,你是否照亮了一分黑暗?如果你是一颗粮食,你是否哺育了有用的生命?如果你是一颗很小的螺丝钉,你是否坚守在你的岗位上?

其实,在生活中,我们不应该只是个无穷尽的索取者。因为在帮助他人的同时,正体现了你存在的价值。我们只有在互相帮助的情况下才能取长补短,共同进步。

在生活中,每个人都可能遇到困难,这时我们都希望身边有人来帮助自己。但是一个人不能只希望人家来帮助你,而自己却不想怎样帮助别人。当我们看到别人有困难时,我们应该热情地伸出援助之手。如果你尽心尽力地帮助了别人,给别人带来温暖和快乐,你自己也会感到快乐。

试想当一个人需要关怀、需要别人的帮助的时候,却没人理睬他,他该有多么痛苦。再试想就算你家财万贯,事业有成,却不愿为一些需要一点点帮助的人送去关怀,这样的生活有什么意思。帮助别人是快乐的、无私的、幸福的,因为从此我们不再觉得世界冷漠,不再觉得孤单,不再觉得无助。

社会需要爱心,人们需要帮助。也许只是一根小小的木桩,就可救活一个溺水的人;也许只是一条薄薄的毯子,就可以温暖一个冻僵的人;也许只是一句话、一只温暖的手,就可以唤回失望者的希望。那么我们为什么不去做呢?别走开,让我们一起来奉献自己的爱心,伸出温暖之手。让世界充满爱,让生活中处处开满真、善、美的鲜花。

谢谢!

【主题定位与升华】

社会需要爱心,人们需要帮助。奉献自己的爱心,伸出温暖之手,让世界充满爱,让生活中处处开满真、善、美的鲜花。

【技巧点击与应用】

巧妙运用历史典故、神话寓言等支撑即兴评述,不仅能体现个人素养,也能使表达达到事半功倍的效果。

情感表达

当我们降临到这个世界时,我们享受到了家庭的爱,幸福而快乐地成长着。母爱无私,父爱深沉。如果说母爱是船,载着我们从少年走向成熟;那么父爱就是一片海,给了我们一个幸福的港湾。如果母亲的真情,点燃了我们心中的希望;那么父亲的厚爱,将鼓起我们远航的风帆。孝敬父母是中华民族的传统美德。父亲母亲为我们付出太多,"谁言寸草心,报得三春晖"。孝敬父母,感恩父母,是我们应该做的,并且是应该做好的。

"死生契阔,与子成说。执子之手,与子偕老。"爱情自古以来是人们歌颂的话题。爱情是甜蜜的,爱情是无私的,爱情也是苦涩的。

范例 12-40

说说你的父亲或母亲
赵建军

尊敬的评委老师好!我抽到的即兴评述题目是"说说你的父亲或母亲"。

我有一位慈祥的父亲。从我记事起，父亲就一直为了全家人的生计日夜辛劳。

记得我5岁那年的一个早上，我刚刚睡醒，便看到父亲收拾了一个包，好像准备出远门，当时我不知道父亲为什么要走，听妈妈说，父亲是出去打工了。对年幼的我来说，"打工"这一词是多么陌生，当时我想，父亲一定是想出去见一见外面的世界吧！

我根本不知道父亲为何千里迢迢到那么远的地方去，也根本无法体会他当时为了家里的生计背井离乡的心情。

父亲去了新疆，家里只剩下了母亲和我。日子在我的思念和期盼中度过。

在一个风和日丽的下午，父亲回来了，背着一个看起来很重很大的包。也许那包真的很重，压得父亲的背都弯了，气都喘不过来。见到父亲，我雀跃不已，毕竟我们已经一年没有见面了。父亲给我带了一些小礼物，一家人就这样开开心心地过了一个年。在我上学以后，父亲同样年年外出，我却不再思考这个问题了。那时的我，已经懂得了父亲的心，懂得了他对我们家的付出。

当我们在舒适的学校学习、在清凉的林荫路上散步时，或许父亲正在炎炎烈日下劳作、挥洒着汗水。我们能用什么来回报他们对我们所做的一切呢？

我们应该牢记父亲欣慰的笑容和期待的目光。当我们埋怨家庭贫困，羡慕舒适安逸的生活时；当我们逃避学习艰苦，随便浪费大好时光时；当我们为了个人的得失和苦恼迷失方向时，父亲期待的目光将像皮鞭一样，狠狠地鞭挞我们的无知和糊涂、懒惰和轻浮。父亲欣慰的笑容，像光芒四射的明灯，永远照耀在我们的心头。在它的照耀下，我们不仅会看到青春的可贵和美好，更能看到生活的欢乐和幸福；在它的照耀下，我们不仅会看到前进的道路和方向，更能看到自己的使命与责任。

我忘不了父亲辛劳的背影，为了我们能上学接受教育，父亲没日没夜地努力，不知道哪一天能休息。我真的好想对父亲说："父亲，不会让你失望。"

谢谢！

【主题定位与升华】

父亲几十年如一日劳作不息，为家庭撑起温暖的大伞，只因爱。如今长大的我们，手捧真心，用心刻写"我用所有报答爱"。

【技巧点击与应用】

此篇评述有感而发，情感真挚。结束语的设计让评述充满对象感、交流感，有助于引起受众共鸣。

范例 12-41

亲情、友情、爱情

王 丹

尊敬的评委老师好!我抽到的即兴评述题目是"亲情、友情、爱情"。

亲情是一首永恒的歌。送别的时候这首歌便格外凄婉、动人。我的脑海中永远定格着这样一幅画面:夜幕低垂,南下的火车伴着凉风呼啸而来,分别的时候终于到了。母亲紧握着我的手,把叮咛的话说了一遍又一遍:"要注意身体,到学校千万别委屈了自己……"说着说着,她哽咽了。父亲低着头,静静地吐着烟圈,夜灯把他的背影拉得好长,好长……"走吧,女儿,好好干吧!"一句"好好干",多么简单,却包含了父亲如山般的期许和盼望。我的眼眶湿了。火车终于缓缓开动了,我离父母越来越远,却离梦想中的学府越来越近了。远离了爱,让我懂得了爱;远离了亲情,让我更加珍惜亲情。在这里,我想把孟郊的《游子吟》送给我的父母,也送给全天下的父亲母亲:

"慈母手中线,游子身上衣。

临行密密缝,意恐迟迟归。

谁言寸草心,报得三春晖。"

亲情让我永远感动。

友情是一杯淡淡的茶。哲人说:"真正的友谊是心与心的互通互联,是设身处地的理解,是两相情愿的分享。"从小在外地读书,友情于我而言便有了更深刻的含义。还记得十七岁生日那天,同学为我举行了生日宴会,那真是一个惊喜啊!当明晃晃的蜡烛照亮了十几张青春的面庞,当我被祝福的话语包围着,我的心好像沐浴在友情的柔波里,是那样坦然,那样澄澈。我悄悄地许下心愿:愿我们都幸福吧,友情让我们幸福吧!而我对友情的感悟是在伯牙和子期的故事中升华的。俞伯牙善奏,钟子期善听,伯牙为子期摔碎了七弦琴,只为酬知己。其实人的一生不就是要找到一个值得为他摔碎七弦琴的人吗?否则真的是虚度了!一句话,一辈子,一生情,一杯酒,朋友一生一起走。

友情是我永远的依恋。

爱情是一首朦胧的诗。它让我想到午后那温暖的阳光,铃铃响的脚踏车,羞涩而单纯的笑,第一次牵手时的害羞。诗中那美妙的词句令我心怡:"最是那一低头的温柔,好似水莲花不胜凉风的娇羞……"爱情让我在泪光中微笑过,让我在苦涩中甜蜜过,让我真真切切地体会到生命的力量和美好,让我不禁感叹:"年轻真好!"有时我痴痴地想:当时光让我逐渐老去,年暮的我静静地躺在摇椅上,微风徐徐,阳光透过白纱窗投射到椅背上,回忆,此刻已变成最宝贵的财富,而成长中那青涩的秘密就像阳光一样温暖着我的心。

爱情,让我追求,也令我一生回味。哭过,笑过,终是走过。经历了太多的风和雨,见过了太多的成与败,才发现亲情、友情、爱情,才是我一生中最宝贵的财富。

谢谢!

【主题定位与升华】

哭过,笑过,终是走过。亲情是一首永恒的歌,友情是一杯淡淡的茶,爱情是一首朦胧的诗。是亲情、友情、爱情,构筑着生命之屋。

【技巧点击与应用】

即兴评述需要轻松的状态,深呼吸是让心神安定、全身放松的良方。

范例 12-42

感恩是什么

大　白

尊敬的评委老师好!我的即兴评述题目是"感恩是什么"。

感恩是什么?感恩是一个人的本性,是一个人不可磨灭的良知,也是一个人人格健全的表现。一个连感恩都不知晓的人必定是一个冷酷绝情的人。

在这个和谐而又美好的时代里,我们拥有许多:拥有财富,拥有知识,拥有名誉,拥有权势……但只要你静下心来想想,你会发现我们不一定拥有真正的快乐和幸福。在生活中,我们之所以会与快乐和幸福擦肩而过,不是因为我们与之无缘,而是因为我们缺少一样东西——一颗感恩的心。

我们应该感恩我们的亲人。亲人们无时无刻不在关注我们,关注我们的成长,关注我们的学习与生活,当我们要远行时,亲人会为我们送行,千叮咛万嘱咐。当我们独处异乡时,亲人总会默默地为我们祈祷,愿上帝保佑我们平安吉祥,快乐幸福。

我们应该感恩老师。老师用语言播种,用粉笔耕耘,用汗水浇灌,用心血滋润,用黑板写下革命的真理与人生的真谛。是老师把我们从懵懂带入成熟,让我们从无知变得学识渊博,也是老师领着我们看到了天有多高,地有多厚……在老师的教导下,我们长大了,我们成熟了,我们跨越了迷茫,我们坚定了信念,我们收获了能力和自信。

我们应该感恩我们的朋友。每个人都会找到与你志同道合的朋友。当你遇到烦心事,你可以向朋友倾诉,朋友会为你分担心中的痛苦;当你遇到困难,朋友会义不容辞地帮助你,始终做你坚强的后盾;当你取得成功,朋友也为你感到快乐,还会鼓励你更上一层楼。无私、善良的朋友啊,他给你带来的是快乐与温馨。

如果人人都怀着感恩的心去面对生活,那么即使在最困厄的沙漠上,我们也能看到生命的绿洲,也会满怀希望。

如果时时都怀着感恩的心去面对生活,不仅可以抚平心中的怨恨,更可以让自己的生命充满温馨、快乐。

感恩,是一个永恒的话题。心怀感恩,你才能发现世界是如此美好,生活是如此幸福。

谢谢!

【主题定位与升华】

感恩是人的本性。感恩是一种态度。

【技巧点击与应用】

这是一篇经典的运用"排列式""递进式"结构进行评述的例子。用"递进式"结构提出观点并将其逐步升华,用"排列式"结构进行举例增加内容的感染力。

第五节　专业·考点

专业知识

播音与主持艺术专业学生主要学习汉语言文学、广播电视新闻学、传播学、中国播音学等基本理论和基本知识,受普通话语音、播音发声、播音表达等基本训练,掌握广播电视播音与节目主持的基本能力。考生若热爱这个专业,立志成为播音与主持艺术专业的专门人才,应该掌握基本的专业知识。

范例 12-43

播音员、主持人的联系与区别

赵雅兰

尊敬的评委老师好!我的即兴评述题目是"播音员、主持人的联系与区别"。

播音员与主持人都是专业的语言传播工作者。这两者对语言的基本功底与职业道德要求是相同的,但它们又有所区别。

首先,风格有别。播音员和节目主持人的播音主持风格不仅是自身风格,也包括节目的风格,人和节目是分不开的。对于风格的形成,我个人理解是:前期要模仿,然后在模仿中找出适合自己的播音状态，立足节目的特点特色，适应节目对主持人的肢体语言、播讲基调等要求。等到对节目的把握游刃有余之后，再想立异。等你的立异受到受众的欢迎，那么你所谓的风格才能展现，或者说这才使你真正地形成风格。

其次，身份定位不同。播音员是以转述者的身份、以广播机构或采编者代言人的身份出现在受众面前的，所播的每篇文章、每一句话都体现出广播机构或采编者的意志；而主持人则是以真实的个人身份、以主述人的身份与受众交流的。

最后，心理存在差异。播音员是事件报道的传达者，要在语言的再创作中把握受众心理，发挥真实性、具体性、双向交流性的特点，以最佳的心理状态在节奏、基调、情感等方面，充分体现出播音员的二度创造性，领会记者、编辑的意图，运用语言表达的内外部技巧，加强所播稿件内容的内在联系。而节目主持人在时态空间感上与播音员的区别在于，节目主持人在主持节目时的心理状态处于现在时或现在进行时。例如《焦点访谈》节目的主持人大多数都是通过亲切而平易近人的语调和表情，与受众进行着不同程度和不同方式的交流。节目主持人用富有亲和力的语言方式，缩短了与受众的时空距离、心理距离。

总之，新闻播音员在播音创作中，首先从心理上感到现在自己在宣传党的路线、方针、政策，向受众传达党的声音，传递受众所需要的信息。只有这样才能给新闻的可信性与权威性奠定牢固的基础，才能收到最佳的播讲效果。而节目主持人在节目中应尽力以淡化官方色彩的个人身份出现，以亲切平易的"朋友"身份，与节目紧紧联系在一起，形象鲜明。因此，播音员与主持人既有联系又有区别。

谢谢！

【主题定位与升华】

播音员与主持人都是专业的语言传播工作者。这两者对语言的基本功底与职业道德要求是相同的，但它们又有所区别。

【技巧点击与应用】

此篇运用了递进式的评述结构，以"首先，其次，最后"作为评述有序进行的主线。

范例 12-44

请介绍一位你最喜欢的节目主持人

程　诚

尊敬的评委老师好！我的即兴评述题目是"请介绍一位你最喜欢的节目主持人"。杨澜是我最喜欢的主持人。我在初涉播音主持领域时就非常欣赏她的主持风格，这种欣赏一直延续到现在。

许多人认为杨澜漂亮、睿智、自信等。我个人认为杨澜最大的长处在于她很勤奋，对自己有正确、清醒的认识，在不断的成长中适时地调整自己的位置和目标。而一般人却难有这份清醒，像寓言故事里的乌鸦；或由于资源有限，难以作出调整，患得患失，像温水里的青蛙；或者难以给自己找准合适的目标，像迷途的羔羊，容易陷入茫然、盲目之中。而她，在事业如日中天之际，放弃《正大综艺》转身进入大学进修，这也就注定她未来的路会走得更远。杨澜曾经说过："决定你是谁的不是你的能力，而是你的选择。"也许，正是因为她的选择，成就了现在的杨澜。

杨澜无疑是一个非常成功的主持人，而我最喜欢的是杨澜的主持风格。在她的主持生涯中有一个节目是非常重要的，那就是《杨澜访谈录》。《杨澜访谈录》是一个没有噱头、没有八卦的节目，有的是统一的开头和结尾，一样的穿插和解说。杨澜认为，这类深度访谈的节目形式应该相对稳定，没有必要像娱乐节目一样三天一小变、五天一大变。她不通过形式让人喜欢，而是注重访谈的内容和意义。她从来不认为采访有什么特别的诀窍，除了认真。她说："我不是每一次都有灵感，但我每一次都很认真。"采访前她会做大量研究，目的只有一个："我必须了解我在说什么。"而一次成功的采访，最重要的是要让被采访者知道你明白了他在说什么，而不是把一个问题扔给他，得到答案后又接着问采访提纲上的另一个问题。"毕竟，我不是采访的主角，应该把更多的时间留给他们。"杨澜说。

当然，我喜欢杨澜不仅仅喜欢她的主持，更喜欢她的人生态度、她的努力、她的智慧以及她那种大方得体并不张扬的中国式的美丽。

谢谢！

【主题定位与升华】

杨澜是我最喜欢的主持人。我在初涉播音主持领域时，就非常欣赏她的主持风格，这种欣赏一直延续到现在。当然，我喜欢杨澜不仅仅喜欢她的主持，更喜欢她的人生态度、她的努力、她的智慧以及她那种大方得体并不张扬的中国式的美丽。

【技巧点击与应用】

此篇分析细致，重说细节，可以显示考生扎实的专业素养。

范例 12-45

访谈类节目主持人应如何定位自己

倪琼瑶

尊敬的评委老师好！我抽到的即兴评述题目是"访谈类节目主持人应如何定位自己"。

我认为主持人在访谈类节目中应把握好自己的角色定位,以自己的风格塑造节目形象和品牌,以真诚、平等的态度与嘉宾交流,从而获得受众的认可和信赖。

第一步,做善解人意的倾听者。

美国电视脱口秀女主持人奥帕拉·温弗丽,在二十多年的职业生涯中独占鳌头,成为美国电视、文艺界中年收入最高者。她的外表其实极为普通,中等身材,相貌平常。那么,她成功所凭借的是什么呢?正如传记作者麦尔所指出的:"一般说来,广播电视的访谈者提出问题,却并不认真听回答,他们的心思放在其他事情或是下一个新问题上。但奥帕拉仔细地倾听嘉宾们的谈话,并且利用谈话的内容把主题步步引向深入。由于她适应当今时代的风格,对观众和嘉宾的生活进程充满关切,能同他们进行交流,这种风格大获成功。"一个访谈节目主持人应当是一个态度良好的倾听者,是个善于倾听的人。这里的听,不仅指用耳朵听,更指用心去听。对于访谈节目主持人来说,重要的不是展示自己的口才,而是善于调动嘉宾、受众情绪,使他们进行真实的意见表达与感情交流,让他们畅所欲言。

第二步,做敏捷机智的驾驭者。

在访谈类节目中,主持人并不能完全决定节目的进程,但还是能够凭借自己的特殊身份来驾驭谈话现场,随时控制好方向、分寸和场面,适时提出或结束话题,根据需要深入推进或点到为止,在谈话中穿针引线、因势利导,巧妙地控制和调节现场的气氛。主持人对话题的驾驭、拿捏异常重要。这包括"度"和"张力"的问题。"度"是指对公共空间和私密情感空间的把握;"张力"则是对情感和理性上的控制,对场面的调度。只有态度认真、知识丰富、灵活机敏的主持人才能很好地驾驭访谈节目进程,不露痕迹地把主题步步引向深入。

总之,真诚倾听是对主持人的基本要求。首先,真诚倾听是对人的尊重,也是对其陈述的肯定与鼓励。嘉宾和受众感觉到主持人在倾听,才会讲出自己想说的话。其次,用心倾听才能把握好节目。谈话过程中存在各种分散注意力的因素,主持人只有摆脱这些因素的影响,才能头脑冷静、精神集中、态度认真地专心倾听,才能把各种表述全部听进去,为把握好节目打下基础。在专心倾听的同时,主持人对于倾听到的内容可做"强行记忆"。

谢谢!

【主题定位与升华】

我认为主持人在访谈类节目中应把握好自己的角色定位,以自己的风格塑造节目形象和品牌,以真诚、平等的态度与嘉宾交流,从而获得受众的认可和信赖。

【技巧点击与应用】

分步骤地阐述即兴评述观点,有利于边说边想,逐步完善自己的观点,从而自圆其说。

社会时事

即兴评述的话题往往与社会热点密切相关,所以关注社会时事不只是当代中学生素质发展的要求,也是即兴评述备考的必要积累。

范例 12-46

我看网恋
李 珣

尊敬的评委老师好!我抽到的即兴评述题目是"我看网恋"。

随着社会的发展,网恋逐渐成为现代人的一种时尚。在经历了太多浪漫后,很多人已经习惯了网恋的新奇、轻松,开始讨厌现实恋爱的世俗、刻板。没有现实的束缚和道德的责任,双方通过网络认识,经过坦诚交流,最后产生共鸣,形成情感依赖。

现实生活中有很多网恋的例子,有成功的也有失败的,网恋已经成了人们可以接受的恋爱方式。与相亲相比,网恋少了一分尴尬,多了一分神秘;与现实自由恋爱相比,网恋的择友范围更大。

如果回到现实生活中,双方见面后,发现对方真的符合自己的设想,好感慢慢就会升华为爱情,这样恋爱就成功了。接下来就不再是网恋了,而是现实生活中的恋爱。可以说,网络只是把双方联系在一起的一个途径。在网络上,针对网恋这一问题众说纷纭。然而网恋到底可不可取,还要取决于个人。

我的哥哥,是个十分爱钻牛角尖的理科男,大学毕业后依然没有找到女朋友。几年后家庭聚会,此时他已经有了一个美满的家庭。他和妻子就是先网恋,后结婚。

说起他俩的恋爱经历,也是十分坎坷的。因为起初家里人一直反对,都认为网恋不会有好结果。但是哥哥一直坚持,最终与爱人修成正果。

关于网恋,我的哥哥算是一个成功的例子。但是有的网友却表示:自己无论如何也接受不了网恋,因为这种虚无缥缈的东西没办法给人带来安全感,而且网恋和现实相比,最重要的一点就是看不到对方的缺点。

虽然有些人能通过网恋"奔现"成功,但现实中网恋成功的例子还是太少了。尤其是很多居心叵测的人可能会通过网络来进行诈骗。

所以,网恋要谨慎。

谢谢!

【主题定位与升华】

网恋逐渐成为现代人的一种时尚。不靠谱的不是网恋,不靠谱的是人。所以,网恋要谨慎。

【技巧点击与应用】

这是一个很好的议论性质的题目,题目本身没有明确答案,全看考生如何把握。该篇评述以中立的立场发出疑问,再用幽默的语言对活生生发生在自己身边的正反例子进行评论,进而谨慎地说出观点,值得借鉴。

范例12-47

我看追星族

刘 培

尊敬的评委老师好!我抽到的即兴评述题目是"我看追星族"。

我们先来说说什么是追星族。顾名思义,就是追逐明星、有着时尚流行的心态的人群。其中大多数是年轻人。

现在,通过选秀,明星越来越多了,追星也随之愈演愈烈。追星到底是利大于弊,还是弊大于利?这个姑且不说,但作为学生,我认为追星应该有目的地追,不能盲目地追。

有的追星族说自己很了解自己的偶像,并搜集了许多关于偶像的八卦。他们所谓的了解就是知道明星的爱好等。这样做无非是在浪费时间做无聊的事。有些人更为可笑,为了自己的偶像居然可以放弃自己的生命。试问,这样做值得吗?

但另一部分人追星却是有目的的。我很赞同像这样的追星方式,而且我本身也是这样追星的。我们喜欢明星不只是因为他们的外貌,也不只因为他们会唱歌、会表演,更重要的是,我们欣赏他们的气质以及他们成功的经历。比如我选修日语,就是因为我的偶像东方神起现在在日本发展,我觉得因此再多学一门语言绝对不是坏事。我们这种追星族不会经常无聊地去搜集明星的八卦,更不会因为某一个明星而放弃自己的生命。因为在我们眼里,自己崇拜的明星是我们人生道路上的一个榜样,追星是为了帮助自己进步。许多明星之所以成名,是因为他们付出了许多心血和汗水。他们的人生道路并不是一帆风顺的,他们的很多品质值得我们学习。

很多人对追星现象颇为不解,甚至反感。但追星,其实就是寄托个人内心对完美的渴望,是一种正常的心理需求和行为表现。

最后,我对追星提出四条建议,也是我当追星族这么多年来的一些感受:

第一,不盲目追星。你所崇拜的应该是真正值得你崇拜的人,他应该有高尚的品格和超凡的气度;不仅仅能吸引你的目光,更应该能震撼你的心灵。

第二,不疯狂追星。不要乱花时间和钱在追星上。明星不应该成为你生活的全部。

第三,摒弃狭隘心态。朋友间所崇拜的偶像有同有异,不能因为喜爱的偶像不同,就对其他人持排斥甚至敌对的态度。

第四,善于从自己所崇拜的偶像身上吸取积极的人生经验。

总之,不要在追星中失去你自己,因为你最终只能成为你自己。

谢谢!

【主题定位与升华】

追星,是寄托内心对完美的渴望,是让明星成为自己学习的榜样。正确面对,把握尺度方式,在追星中成就自己。

【技巧点击与应用】

面对此类议论式的话题,考生要学会巧用"解构"技巧,将一个问题一分为二,从正反两方面展开论述,论述观点可以采用序号分出条理,也可采用"首先,其次,最后"等词组织结构,只要想法合理、顺序无误,就可以大胆地表达自己的观点。

范例 12-48

谈谈你对反腐倡廉的认识

杨宏斌

尊敬的评委老师好!我的即兴评述题目是"谈谈你对反腐倡廉的认识"。

党领导的改革开放既给发展中国特色社会主义注入巨大活力,也使党面临许多前所未有的新课题、新考验。特别是在当前,我国决胜全面建成小康社会,夺取新时代中国特色社会主义伟大胜利。这些现实的阶段性特征决定了现阶段反腐败面临有利条件与不利因素并存、成效明显与问题突出并存的复杂局面。对此,我们既要树立忧患意识,增强危机感和紧迫感,又要树立长期作战的思想,坚持不懈地深入推进党风廉政建设和反腐败斗争。对此我的观点如下:

首先,我想谈谈对"反腐倡廉"的理解。"反腐"就是反对腐败,这肯定不错,那这个"倡廉"是什么意思?难道是"提倡廉洁"?如果只是从字面去理解"倡廉"两个字,那仅仅提倡就够了吗？那是不是意味着有时候有些人有些地方也可以不廉洁？因此，我个人认为可将"倡廉"进一步加强为"治廉"或"致廉"，以反映我党当下反腐的决心。

同时，法治与反腐败是紧密相连的，一个国家无法实现法治，那腐败肯定到处滋生、蔓延，最后可能亡党亡国。古语有云："天子犯法，与庶民同罪。"所以不论谁腐败了，都应当受到法律的惩罚，这样一来更有利于推进社会主义民主政治建设，符合时代发展潮流。

如果腐败的成本太高，而官员们的工作稳定，生活富裕，那么是否还会有人愿意舍弃当下幸福去承担腐败带来的后果呢？从心态而言，腐败的人就坏在一个"贪"字上，如果知足常乐、为民请命的中华民族传统美德能得到有效传承，相信终有一天世上就没有腐败需要反了。等到那一天，我们的社会必将更加和谐。

谢谢！

【主题定位与升华】

如果腐败的成本太高，而官员们的工作稳定，生活富裕，那么是否还会有人愿意舍弃当下幸福去承担腐败带来的后果呢？

【技巧点击与应用】

类似的题型在近年的考试中有很多。考生只有在平常的生活中多看、多读相关的新闻和评论，才能在评述时不偏离主线，举例广泛且内容合理积极。

考官提问

考官提问这个环节是一种开放性的考试方式。在这一环节中，考官会对考生的人品、性格、知识背景、专业素养进行全方位考核，同时考查考生是否具备专业要求的素质及潜力。对于考生而言，这也是自我发挥、加深考官对自己印象的一个重要环节。考官提出的问题大部分是随机的，但这并不代表考官会漫无目的地提问。对于不同考生，考官会视具体情况进行有针对性的提问。

范例 12-49

请你说说心中的偶像

王　莹

提到偶像，很容易想到那些荧幕上被崇拜的明星，这些明星往往会成为众人的偶像。对此,有很多人认为这种崇拜太过片面,不利于青少年身心健康发展。很多人也在思考,到底什么样的人才能成为青少年心中的偶像呢?最近,也许很多人的偶像变成了钟南山、张定宇等。因为,他们在我国抗击新冠疫情期间为国家和人民作出了重大贡献,他们身上的品质如宝石般闪闪发光,这足以说明,我们心目中的偶像不只是那些明星,而更多是身上有着我们非常向往的美好品质的人们。

从小到大,我在成长的每一个阶段,都有一个榜样。我会在很大程度上模仿那个人。那个人是我心中的偶像,那个人更是我所向往的自己。

小的时候,我很崇拜自己的父母,觉得他们不受束缚、拥有自由,就想快快长大,去拥抱世界;上小学后,老师问我的理想是什么,我说我想成为一名救死扶伤的白衣天使;再大一些,我爱上了青春偶像剧,爱上了流行歌曲,也就爱上了那些明星,向往着他们多姿多彩的生活;步入大学的校门,我希望自己将来可以衣着光鲜,居室宽敞,拥有独立的生活。

我心中的偶像随着我的向往而改变。每个人的向往不同,心中的偶像也不尽相同,我认为偶像是许多我们所向往的品质的一种集中。他可以不是一个人,而是许许多多拥有我们所向往的品质的人们。所以,我心中的偶像,有永不言弃的张海迪,有洒脱不羁的大诗人李白,有不断挑战自我极限的刘翔,有勤勤恳恳的母亲,有学习刻苦的同窗,还有乐于向他人学习的自我。

谢谢!

【主题定位与升华】

偶像,是一种信仰、一种理想,集中着心中向往的美好品质,更是所向往的自己。让我们在榜样的力量下,一路前行。

【技巧点击与应用】

此篇没有设定固定的偶像,而是巧说偶像概念,相对会说得比较辛苦。建议考生借用时不妨加入一些肢体动作和重点音,使气氛更活泼、内容更易让人接受。

范例 12-50

请你描述自己推崇的生活方式

杨 晨

有人说:"所谓成功的生活方式只不过是众多生活方式的一种,它并不能成为你的范本。"我很赞同这种观点。有些人喜欢整日把自己浸泡在喧嚣狂欢的环境中,有些人则喜欢在安静、平淡的生活中,努力寻找人生的最高目标。我想我大概属于后者。

有一首歌叫《叶子》,这其中的歌词写得很好,就是"孤独是一个人的狂欢,狂欢是一群人的孤独"。

我喜欢宁静,渴望单纯的平静,又不失去奋斗拼搏的激情。这可能也是我喜欢李嘉诚的最重要的原因,他总是能把几乎不可能办到的事情办得淋漓尽致,但却不会因这些琐事而大伤元气,美国人评价他是中国的超人,就像太极拳一样软中有硬,柔中带刚。我当然没有具备这种素质,但我却时刻提醒自己努力向这个方向靠近。身边总是有太多诱惑让你变得不平静,生活也总是有这样或那样的波澜让你陷入苦难。

还是《叶子》中的歌词:"一个人吃饭、旅行、到处走走停停,也一个人看书、弹琴,自己对话谈心。"这是我所推崇的生活方式,可以根据自己的心情和爱好去安排想做的事情,不受外界的约束,没有嘈杂的人声,静静地、静静地去享受自然带来的气息,去体会成功带来的快乐。曾经和朋友们探讨过这样一个问题:如果我们也能像比尔·盖茨、像李嘉诚一样,用自己的拼搏养活自己,造福人类,那该有多好啊!在人生旅途中可能会有艰辛,也可能有无数的险阻,还会有远离人群的孤独,但至少这样的生活是充实的,是快乐的,是富有挑战的,我推崇在宁静中挑战,在挑战中发展。

谢谢!

【主题定位与升华】

在宁静中挑战,在挑战中发展,充实快乐地生活,努力实现人生的目标。

【技巧点击与应用】

即兴评述是声音表达的艺术,在此种类型的即评中,错落有致、抑扬顿挫的表达有利于表达成功。

范例 12-51

请谈谈你最喜欢的一档节目

王淑芝

我最喜欢的一档电视节目是 CCTV—10 播出的《百家讲坛》。

《百家讲坛》的这些主讲人不仅有学问、有见解、有个性,而且都很会讲课,每次听讲,对我来说,不但能获得知识,而且是一种精神享受。

我喜欢听北京师范大学教授于丹讲《论语》,喜欢听厦门大学教授易中天讲《品三国》,喜欢听复旦大学教授钱文忠讲《玄奘西游记》。受教授们风格各异、生动诙谐、幽默的讲演吸引,我开始关注他们的一切报道和消息,成为他们的忠实粉丝。

您知道于丹教授的粉丝叫什么吗？叫"鱼丸"。您知道易中天教授的粉丝叫什么吗？叫"乙醚"。您知道钱文忠教授的粉丝叫什么吗？叫"潜艇"。他们之所以能有如此庞大的粉丝团，归功于他们特点突出的讲学。

于丹教授讲《论语》，她的洒脱率真和端庄温柔俘获了听众的心，她用女性特有的细腻情感，以白话诠释经典，讲述自己从《论语》中获得的为人处事之道，她用一个个小故事拓展了《论语》的外延，告诉我们人生大道理，使我受益匪浅。下面这则她讲的小故事让我记忆犹新，久久不能忘怀。当她在讲到爱不一定意味着懂得时，她说：我们是不是了解我们的亲人？我想有很多朋友都会很不屑地讲，我的亲人天天和我生活在一起，他们是我在这个世界上最爱的人，我怎么会不了解？但其实这里有一个概念不能偷换，那就是：爱，其实不一定意味着懂得。

我们在这个世界上往往会走进一种爱的误区。有个小故事很有趣，一对渔村的夫妇，两个人少年结发、恩恩爱爱。这个妻子从结婚那天起，就把鱼都收拾好，每天把鱼的中段整整齐齐地打理出来，或者红烧，或者清蒸，做得很美味给丈夫端去，她自己在厨房胡乱吃点鱼头鱼尾就算了。日子一过几十年。等到儿女长成，老夫妻暮年相对，老先生很惆怅地叹了口气，他说："这一辈子我也没跟你提过什么愿望，我现在再不提估计就晚了。你什么时候能给我做顿红烧鱼头啊？"老先生说，"你看我从小就爱吃鱼头，我也不知道为什么娶了你以后就再没见过鱼头。"老太太一听，眼泪就下来了。老太太说："我做姑娘的时候最爱吃的就是鱼肉。我一直认为鱼肉是世界上最好的东西。我就是因为爱你，才会每天都把鱼肉给你吃，我吃了一辈子我不爱吃的鱼头。但从来没想过你爱吃鱼头。"

其实，这个故事呢，大家听了会笑；但是你想一想，这是不是我们的生活？我们对自己的亲人、朋友，往往是以自己的方式爱他们，不见得是以他们要的方式爱他们。

最后，让我们这些《百家讲坛》的粉丝们用"潜艇"宣言共勉吧："如果你是学生或者从事某种事业时，别忘了我们是潜艇，和钱老师一样，我们是勤奋的一群。"今天在此，我希望能用勤奋收获自己的果实。

谢谢！

【主题定位与升华】

最后，让我们这些《百家讲坛》的粉丝们用"潜艇"宣言共勉吧："如果你是学生或者从事某种事业时，别忘了我们是潜艇，和钱老师一样，我们是勤奋的一群。"今天在此，我希望能用勤奋收获自己的果实。

【技巧点击与应用】

这种类型的题目要求考生在考前有一定的专业知识储备,一是能够说出节目名称、节目类型、节目内容以及你印象最深的一期节目的中心思想,并围绕该思想说出自己的想法。二是能用与节目相近的标签、关键词或主持人的话语作为结尾。

第十三章　新闻材料话题评述

为了方便考生在日常的训练中进行素材的识记和积累,本书专门设置一章,为即兴评述考试的重点和难点——新闻材料话题评论准备了大量的素材。本章将新闻热点话题进行了系统分类,共分为三大板块,分别是"食品·住行·环境""医疗·教育·网络""文化·道德·法律"。每个大板块下又有具体的小版块,分别是"食品安全""居住出行""环境保护","医疗问题""教育话题""网络事件","文化建设""道德修养""法律保障",从而便于考生查阅和记忆。

第一节　食品·住行·环境

这一节的内容是围绕着大众最关心的衣食住行等方面设计的,与人们日常生活息息相关,涉及民众的基本生活保障。这类话题一直以来都是社会关注的焦点和热点,同时也是即兴评述考试的重点。

食品安全

近年来,各类食品安全事件频发,从食品造假到滥用添加剂、非法添加化学物等。我们在感叹科技进步的同时,也在为有些人的道德水准下降而愤慨,同时也为监管不力而无奈。

范例 13-1

评述材料:对于我国保健品行业来说,2019 年注定是不平凡的一年。自 2019 年 1 月 8 日起,国家市场监管总局就联合多部门在全国范围内集中开展了为期 100 天的联合整治保健市场乱象行动。2019年8月,国家市场监管总局又正式发布了《保健食品标注警示用语指南》。新规的发布,将保健食品行业进行了高强度的规范整治,加速了大批非法保健食品厂商退出市场。由此可见,随着保健品行业的逐渐发展和成熟,监管严格是大势所趋。

保健品应该保护人民健康

各位评委老师好!我的即兴评述题目是"保健品应该保护人民健康"。

对于我国保健品行业来说,2019年注定是不平凡的一年。国家市场监管总局开展整治保健市场乱象行动,将保健食品行业进行了高强度的规范整治;正式发布《保健食品标注警示用语指南》,明确规定保健食品标签要醒目标注"保健食品不是药物,不能代替药物治疗疾病"等警示语,加速了大批非法保健食品厂商退出市场。

由此可见,保健行业在逐渐发展、形成体系的同时,监管越来越严格是大势所趋。

曾经,由于中国人口基数大,且人民生活水平逐渐提高,有能力购买保健食品的消费者越来越多,保健食品的市场一度在良好的外部环境下快速扩张。但是,在快速成长的保健食品行业的角落,也滋生许多问题。比如减肥酵素、黑枸杞、权健药品……其中,权健公司更是在2018年扩张出一个完整的保健品帝国,不仅不依据科学事实吹嘘产品的药效,还诱导许多家庭购买权健的产品,一度影响广泛。直到2018年被曝光之后,才得到整治。由此我们可以看出,规范保健行业市场对于国家而言刻不容缓。面对层出不穷的保健品问题,国家应建立健全保健品相关法律法规和规章制度,用惩罚性赔偿制度等来改变保健品生产者违法成本过低的现状。同时,市场监管和法律源头两头发力,让市场上流通的违法保健品无处可去,违法生产面对有力的法律的监管,在高强度的管理之下,保健品厂商的生产行为也必须越来越透明,三无厂商将无处可逃、退出市场。

在国家发力的同时,我们作为消费者更要擦亮自己的眼睛,在面对眼花缭乱的保健品宣传时明辨是非:第一,可以关注厂商是不是正规合法厂商;第二,可以关注产品的原材料、生产日期和保健功效,当面对厂商天花乱坠的吹嘘时,看清楚产品"虚伪"的外衣;第三,选择适合自己的产品。消费者们切记要理性消费,合理消费。

愿在国家和我们大家的共同努力下,保健品市场的行业风气逐渐改变,形成和谐、良性循环的保健品市场环境,使保健品真的能够回归自己的本位:保护人民的身体健康。

谢谢!

范例 13-2

评述材料：香甜可口的珍珠奶茶，一直是不少消费者的最爱。然而，如果你知道有的珍珠奶茶的原料是用废旧皮鞋底、旧轮胎制造出来的，你还会喝吗？"皮鞋珍珠奶茶"在市面上出现，监管在哪里？制造商、监管者，请君来一杯"皮鞋珍珠奶茶"如何？

"皮鞋珍珠奶茶"你敢喝吗？

尊敬的评委老师好！我的即兴评述题目是"'皮鞋珍珠奶茶'你敢喝吗？"

如今，大街小巷随处可见珍珠奶茶的贩卖店，香浓幼滑的珍珠奶茶一直都是不少消费者的最爱。奶茶里的珍珠原本是用木薯粉、甘薯粉、紫薯粉再加上一点白糖调制而成的，这原本是一种简单、健康的食材。但是，"皮鞋珍珠奶茶"又一次挑战了公众对食品安全最起码的底线。目前市面上有一些不法商家为了降低珍珠奶茶的制作成本、增加珍珠的嚼劲，竟然使用对人体有害的皮鞋底和旧轮胎作为原材料制作珍珠奶茶。"皮鞋珍珠奶茶"乍一听来简直让人瞠目结舌、匪夷所思——废旧的皮鞋底和旧轮胎竟然成为制造珍珠奶茶的原料，你还会喝奶茶吗？你还敢喝奶茶吗？监管又在哪里呢？"皮鞋珍珠奶茶"，发人深思！

首先，用破旧皮鞋底和废旧轮胎作为珍珠奶茶的制作原料，这无疑是影响消费者身体健康和切身利益的。食品安全问题一直都是近年来备受关注的话题。毕竟民以食为天，连每天接触的食品都存在着不容忽视的安全问题，试问消费者如何放心。2019年伊始三全食品卷入"猪瘟事件"，三聚氰胺奶粉、毒胶囊、瘦肉精、地沟油等各种有毒的食品充斥市场，怎能不令人心惊。

其次，这种黑心食品在市场上不断被供应，是社会之殇，更是监管部门的失职。监管者是否应该建立起有效、有力的监管体系和惩处机制，为百姓把好食品安全这道重要的关卡呢？

想要根治"皮鞋珍珠奶茶"，只能借助强有力的打击。而打击的前提是加强无缝隙、全天候的监管，加强食品源头和标准管理，加强销售环节监管。"皮鞋珍珠奶茶"事件的确只是一个个例，但它揭露的是不法商贩们昧着良心挣钱的错误价值观。政府相关部门既要勤监管，也要严审查，要积极打击食品安全犯罪，抵制"假冒伪劣"商品，才能打造经济良性循环的好社会，才能让社会大众收获更多的幸福感，才能让百姓真正拥有"舌尖上的安全"。

谢谢！

范例 13-3

评述材料：在福建漳州南靖县，2名被当地镇政府雇请来负责无公害处理病死猪肉的工作人员，将捡来的或以一斤0.1元到0.8元不等的价格买来的病死猪私自屠宰后，运往湖南、广东等地。短短三个月，2人竟卖出近40吨病死猪肉，案值达300余万元。近日，公安部官方微博披露了十大肉制品犯罪典型案件，此案在列。目前，此案3名主犯已被逮捕，仍有多人在逃。

病死猪案件谁负责？

尊敬的评委老师好！我的即兴评述题目是"病死猪案件谁负责？"

在福建漳州南靖县，2名被当地镇政府雇请来负责无公害处理病死猪肉的工作人员，将捡来的或低价买来的病死猪私自屠宰后，运往全国各省。此次案件涉案金额高达300余万元，震惊全国。事件的爆发把食品安全问题再一次推到风口浪尖。

食品安全问题频频发，利欲熏心，真的能让人将良知抛至九霄云外吗？这种伤人伤己的事情，在那些昧着良心、挣着黑心钱的人眼里，似乎不值一提。但值得我们反思的是，许多地方在查处问题食品时，仅仅是"捣毁、销毁、罚款"了事，使这些黑心商贩和不法生产者违法犯罪成本远远低于他们所收获的暴利，此种做法无异于纵容犯罪。

近几年，类似非法收购、销售病死家畜、家禽的案件屡有发生，增加了食品领域的安全风险。其实，法律已经规定：对于病死动物，都要进行无害化处理，不得随意处置。然而，还是有大量的病死动物落入不法分子之手，威胁公众的餐桌安全。法律和现实之间出现落差，关键原因是病死动物回收和处理环节出现了纰漏。如这次案件的涉案人员正是抓住这个纰漏让病死猪肉流向了全国各省。之所以会有那么多病死猪肉大量流入市场，有法难依也是其中一个重要原因。根据现有法律，调查取证和定罪方面存在诸多障碍，并且大多数制售病死猪肉案件只能以"生产、销售伪劣产品罪"论处。面对较轻的刑罚，不法者似乎更加猖獗。

而政府雇员犯罪，我认为政府是需要承担管理失职的连带责任的。更重要的是，"病死猪肉上餐桌"追根溯源，乃是政府监管失职造成的。要想杜绝此类事件频频发生，建立起完备的监管体系，提升食品安全监管水平，建立起严格的追责及问责制度，才是重中之重。我觉得：用好法律利剑，发挥法治威力，方能有力消除问题食品，还民众一张"干净的餐桌"！

谢谢！

居住出行

居住出行一直都是社会关注的焦点,是人们日常生活的重要组成部分,是提高生活质量的一个重要因素,同时也是经济、文化和社会等活动的重要支撑。因此,民众对这方面的问题格外敏感,关注度很高。

范例 13-4

评述材料:新冠肺炎疫情爆发以来,封城后的武汉像是踩了一脚急刹车,被按下了暂停键。而在寂静的武汉街道之下,有这样一群人,他们无工可打又无处可归,只能蜗居在空无一人的地下停车场;他们的生活得不到保障,连被褥和食品都得靠城管提供……他们就是封城以后滞留在武汉的外地人。据澎湃新闻报道,截至2020年2月20日,在武昌火车站的地下停车场还滞留着20余名打工者。

疫情之下,"流浪者"不能忽视

尊敬的评委老师好,我的即兴评述题目是"疫情之下,'流浪者'不能忽视"。

在疫情爆发的同时,在武汉的地下停车场,住着一群滞留武汉的外地人。因无法离开被迫流浪的他们,日常生活用品都是由志愿者和城管提供的。偶尔,物资没有被及时送来,他们就可能面对饥肠辘辘、冷饿交加的困境。即使在疫情肆虐的大背景之下,这群停车场的"流浪者"也不应该被忽略。

他们大多是从外地前往武汉打工的年轻人,背井离乡,只身闯荡于武汉的大街小巷。这群人一般没有太多的财富积累,在武汉也没有的固定住所,除了由工作提供的住处以外,他们大多租赁着小的房间或公寓。这就导致他们在武汉封城以后没有稳定的物质保障,也没有能够安身的安全居所,免费的地下停车场就变成他们的唯一选择。

在停车场居住,不仅容易因为没有完备的防疫措施而感染病毒,还有可能引发各种危险的事件。他们需要受到社会的重视。

首先,我们呼吁国家要建立完善的保障制度。比如对于外地工人、贫穷家庭、留守儿童和空巢老人等不容易维护自己权益的群体,国家更应该给出适当的政策倾斜和保障,使其在遭遇自然灾害或者危急情况时,不至于因为物质层面的原因而寸步难行,困于原地而不得救助。

其次,我们也希望社区能够建立完整的信息网络,加强社区管理的力度。至少社区内的人员流动和去向,社区管理人员应该掌握完整的信息,并且能为遇到困难的社区居民提供帮助,比如采购物资、置备防疫卫生措施,等等。

最后,我们希望能够有更多的志愿者加入爱心组织,疏通城市的各个毛细血管,使城市这个有机体上下贯通、血液流畅。各项救助措施能够精准有力地到达城市身体末端,为疫情的好转贡献力量。

武汉在4月8号迎来了解封,春天到了,花也开了,我们心里的春天也不远了。希望春天的微风能够吹拂过我们每一个人,带来崭新的未来。

谢谢!

范例 13-5

评述材料:"绿色生活"有了新目标。国家发改委日前印发《绿色生活创建行动总体方案》(简称《方案》),统筹开展节约型机关、绿色家庭、绿色学校、绿色社区、绿色出行、绿色商场、绿色建筑等重点领域的创建行动。《方案》明确,到2022年,绿色生活创建行动取得显著成效,生态文明理念更加深入人心,绿色生活方式得到普遍推广。

出行、居住、生活,都将是绿色的!

尊敬的评委老师好!我的即兴评述题目是"出行、居住、生活,都将是绿色的!"

弘扬生态文明主流价值观,推动绿色发展,倡导绿色消费,践行绿色生活,厉行节约,反对浪费,培养节俭、适度、朴实的生活方式和消费习惯,为建设生态文明和美丽中国奠定坚实的社会群众基础。

在中国传统文化中,有许多理念与绿色生活方式有着很高的契合度,老子所倡导的"天人合一、道法自然、抱朴见素、少私寡欲"的处世原则一直为我国先人所奉行和实践。绿色出行,是绿色生活的重头戏。然而,随着经济社会的高速发展和物质财富的快速涌现,许多人的生活观念却陷入畸形和病态,炫耀财富、过度消费不一而足。这种生活方式固然与一些企业和社会舆论的不当引导紧密相关,但不可否认,某些政策法规、制度设计和公共设施建设存在缺陷和不足同样也难辞其咎。如餐馆酒楼中的挥霍浪费不但得不到制止和处罚,甚至还受到某种程度的怂恿和奖励。尤其是在城市交通方面,由于法规制度的滞后和道路规划的偏颇,使骑行者险象环生,使步行者步履蹒跚,骑行者和步行者的安全和尊严尚且难以保证,更不论开开心心、高高兴兴地骑行、步行在道路上了。

因此,推动公众践行绿色生活方式除了要求公务人员和精英人士以身作则、带头引领和营造一个良好的社会舆论氛围外,某些政策法规、制度设计和公共设施建设也应当以绿色为标准进行适时修改和更新。比如,对在餐馆酒楼浪费食物达到一定数量者,要像对公共场所室内吸烟者一样严格处罚;对畸形、病态的炫耀性消费和过度性消费,征收惩罚性的高额税赋;在公共交通的规划设计上,应当运用法治思维和法治方式强力推动公众出行的绿色化,设计出宽阔通畅、安全整洁、绿荫婆娑的骑行、步行专用道,给骑行者和步行者以交通优先的权利,并通过法规制度的制定和修改切实保护骑行者、步行者的权益等,以表明国家、社会的生态倾向和绿色立场。

践行绿色生活方式既是继承和发扬我国传统优秀文化的重要环节,也是在当今环境资源不堪重负的紧迫形势下生活方式的一场重大变革。就小小地球村而言,人类就是一个休戚相关的命运共同体。因此,践行绿色生活方式,我们责无旁贷。

谢谢!　　　　　　　　　　　　(改编自新华网　胡勇《践行绿色生活》)

范例 13-6

评述材料:春运火车票一票难求,"捡漏儿"大军仍在奋战。虽然 12306 网站已经推出图形验证码防范"黄牛",但不少火车票代购者仍能靠"抢票软件＋打码网站"的组合替人"捡漏儿"赚取佣金。《法制晚报》记者体验发现,只需少许花费,即可通过该平台自动识别图形验证码,跳过登录和提交订单时的图形验证关卡,从而"秒抢"退票。

不要让"黄牛党"毁掉返家的票

尊敬的评委老师好!我的即兴评述主题目是"不要让'黄牛党'毁掉返家的票"。

每逢春节假期,无数人期待着返家过年,春运火车票往往一票难求,不少人无法通过正常渠道购买到火车票。这个时候,"黄牛党"就会利用非法手段独占票源,再高价放票。虽然 12306 网站已经推出图形验证码防范"黄牛",但不少火车票代购者仍能靠"抢票软件＋打码网站"的组合替人"捡漏儿"赚取佣金。只需少许花费,即可通过该平台自动识别图形验证码,跳过登录和提交订单时的图形验证关卡,从而"秒抢"退票。

一张"黄牛票"一般在正常票价上加价 50 至 100 元,而春节期间的紧俏票就更是要翻一翻甚至翻几翻。不用细算便知春运期间"黄牛"市场多么庞大,而其背后的利润更不可估测。在春运火车票市场上,"黄牛党"囤积大量的票,让许多人买不到票,再将手中的票卖出高价。需注意的是,"黄牛党"的主要目标之一是每年返乡的农村务工人员,因为过年回家对于在外打拼一整年的他们来说,是最大的心愿和期待。每每看到他们因为抢不到票而购买"黄牛票",甚至被"黄牛党"骗票的新闻时,我总是会泛起一阵阵的心酸。

没有买卖就没有市场,消费者的不自律的确给了"黄牛党"生存的土壤。但是,铁路部门作为打击"黄牛"的主力军,也应该从技术上和制度上入手,不断总结经验,更有针对性地查漏补缺。在技术上，强化营销手段，在确保公平的情况下指导旅客购票；创新服务形式，特别对弱势群体给予倾斜，尤其针对那些不方便在互联网或者移动端平台购票的人群，是否可以开设绿色通道，使他们即使不会使用互联网、不会使用智能手机，也能够通过快捷的方式和渠道购买到回家的火车票。在制度上，一方面，出台打击驻站"黄牛"和"内鬼"的措施办法；另一方面，建立灵活的浮动价格机制，引进多元化的市场参与者等，从根本上实现铁路系统资源利用最大化、效率最高化。

谢谢！

环境保护

随着人们对环境的日益重视，环境保护成为世界关注的焦点。人类只有一个地球。有效利用能源、减少环境污染、防止突发环境事件、确保生命安全的重要性日益凸显。制定并执行环保政策和措施，在保护环境的同时改善人们的生活质量，已经成为我国民生工程的关注点。保护环境是中国长期稳定发展的前提，实现可持续发展依然是中国面临的严峻挑战，同时也是人们安居乐业的基础。

范例 13-7

评述材料：每逢佳节，很多人走亲访友买礼品。然而，许多产品总是注重"外在"超过重视"内涵"，过度包装问题严重。过度包装消耗的资源、能源以及给环境造成的危害，与时下倡导的绿色消费形成强烈的反差。

从过度包装谈绿色消费

尊敬的评委老师好！我的即兴评述题目是"从过度包装谈绿色消费"。

我们经常可以看到市场上一些产品，如果被标注为"绿色""有机""转基因"，基本上都是被精心包装，作为上档次的产品来进行销售的。甚至原本成本不高的产品只要裹上精致的包装也会价格上涨、档次提高。这其实恰恰是一种过度包装的体现。那到底什么是过度包装呢？过度包装指的是包装的耗材过多、分量过重、体积过大、成本过高、装潢过于华丽、说词过于溢美等。过度包装浪费资源、污染环境、危害社会利益，应坚决予以杜绝。

那为何会出现过度包装这一现象呢？这是因为，简易包装的产品所带来的附加值远远不如过度包装的产品。生产厂家出于自己的切身利益考虑，为谋取更多的利润，为搏消费者的眼球和关注，不断地在包装上做文章，绞尽脑汁地推出精美豪华的外包装,却不注重商品本身,导致产品与包装不相符合。而消费者从众、虚荣的消费心理也会使得他们在选择产品的时候追求精美的包装和高档次的商品。生产者有利可图,消费者又有购买需求,恰恰就是过度包装现象出现的根本原因。

包装的确是一门艺术,如果包装得体又富有创意,当然会为商品锦上添花。但是,一味地关注包装却忽略产品本身,这就是过度包装了。这会造成大量资源的浪费,也会给能源和环境造成危害,同时与我们现如今所倡导的绿色消费观念背道而驰。要想治理过度包装,应该通过相关的法律法规对过度包装进行约束和制裁,限制过度包装的同时又要做好包装的回收与再利用,把源头治理和末端治理巧妙结合起来。

而我们消费者也应该树立起绿色环保的消费观念,不应该只追求奢华和高档,而要多注重产品内涵,关注其环保的本质。中国人向来有"礼轻情意重"的说法,相信假以时日,那些真正注重内在品质、采用环保简单包装的商品一样能获得消费者的芳心。

谢谢!

范例 13-8

评述材料:上海交通大学发布的《2015 年中国城市居民环保态度行为调查报告》显示,我国民众的环保意识增强。在对全国 35 个主要城市的居民抽样调查中,绝大多数民众认同垃圾分类(81.9%)和自带购物袋(74.5%),大多数民众表示愿意为环保组织捐款(57.1%)和做环保义工(67.8%)。近三分之二的民众赞同政府春节期间禁止燃放烟花爆竹,高达 63.8% 的民众认为现在的生态破坏比较严重或者是非常严重。民众对污染治理开放程度、地方政府解决污染问题和缓解空气污染现状等问题表示不够满意。

树立环保意识刻不容缓

尊敬的评委老师好!我的即兴评述题目是"树立环保意识刻不容缓"。

同一个地球同一个家园。进入 21 世纪,生态环境问题已经成为全人类最为关注的问题之一。科技越来越进步,经济越来越发达,在我们的社会文明进程不断推进的同时,人类给地球生态以及资源环境也带来了许多问题。资源短缺、水土流失、生态遭受破坏、土地退化、盐碱化、沙漠化、全球气候变暖、雾霾等生态环境问题层出不穷。面对如此严峻的考验,我们能做的有很多。树立起环保意识更是刻不容缓。

我们每一个人都应自觉树立起环保意识。上海交通大学发布的《2015 年中国城市居民环保态度行为调查报告》显示,我国民众的环保意识正在不断增强。这一点分别体现在认同垃圾分类、自带购物袋、志愿为环保组织捐款、做环保义工以及对于污染治理开放程度、地方解决污染问题、缓解空气污染现状等问题不够满意上。这恰恰说明人们已经愈发重视环保与生态文明保护。但仍然有一些人对于环境保护麻木不仁、无动于衷。对于这样的人，我们要充分利用媒体与社会资源，加大基本环保知识的宣传与普及，充分发挥社会媒体的传播作用，积极带动公众参与环保活动。只有通过多手段、全方位的环保宣传，才能使公众广泛参与、环保意识逐步提高，才能为环境保护作出自己应尽的贡献。

生态文明建设和环境保护一方面依赖于我们民众生态文明意识度与践行度的提高，同时也依赖于对于生态文明建设措施的实施。生态文明建设与环境保护是关系人民福祉、关乎民族未来的长远大计，也是全党全国的一项重大战略任务。各级政府应该充分行使自己的职能、宏观调控，积极践行生态文明建设的各项规定。

"保护环境，匹夫有责"，这是我们每一个人无法逃避的职责与任务。我们生活在同一片蓝天下，我们每一个小小的生态环境的保护措施都将推动着地球的空气走向清新、地球的水源走向澄净。只有每一个公民都拥有高度的环保意识，怀着"位卑未敢忘环保"的心态，才能真正实现绿色生态，方可为我们的子孙后代留下更多宝贵的财富！

谢谢！

范例 13-9

评述材料：环境形势日益严峻，治霾已成为全国上下普遍关注的议题。"十四五"时期，社会经济发展仍旧必须坚持"绿水青山就是金山银山"的发展理念，为美丽中国建设奠定基础。国务院印发的《大气污染防治行动计划》，力争用 5 年或更长时间，逐步消除重污染天气，使全国空气质量明显改善。

治理雾霾，重见蓝天

尊敬的评委老师好！我的即兴评述题目是"治理雾霾，重见蓝天"。

每年的 6 月 5 日是世界环境日，2019 年世界环境日的中文口号是"蓝天保卫战，我是行动者"。党的十八大以来，习近平总书记多次在不同场合强调，环境就是民生，青山就是美丽，蓝天也是幸福，空气质量直接关系到广大群众的幸福感。

一时间，环境保护成为全国人民关注的焦点。雾霾问题也持续成为年度关键词，在各大新闻门户网站上占据热点。雾霾其实是雾和霾的统称，是一种天气现象。因为现如今空气质量越来越恶化，雾霾天气现象不断增多，危害愈加严重。

雾霾的源头多种多样，比如汽车尾气、工业排放、建筑扬尘、垃圾焚烧等。在人类进入化石燃料时代后，雾霾天气才真正威胁到人类的生存环境和身体健康。快速的工业化和城市化导致能源迅猛消耗、人口高度聚集、生态环境破坏,都为雾霾天气的形成埋下伏笔。面对如此严峻的情势,治霾已经刻不容缓。

治理雾霾,首先,要完善和规范环境治理的法律机制和法律条例,对于违法排污、污染环境者要进行相应的处罚,严重者应承担相应的刑事责任。严格的法律法规以及执法力度也彰显了政府向雾霾宣战的决心。

其次,建立起严格的问责机制,让环境保护踏实践行成为常态,而不是应付式、敷衍式的工作。各地政府都应该根据当地情况,因地制宜制定各种严格的规定以及监管方案。对于使用不洁净能源、非法排污者以及地区性重头工业企业等要采取区域限制等手段。

最后,要大力倡导绿色出行。大气污染的一个主要源头就是汽车尾气的排放。低碳减排和限号出行能够有效减少汽车尾气的排量,也能够防止重点城市的污染加剧。而政府也应该大力宣传和鼓励新能源汽车,使新型的科技得到普及。

我国治理雾霾,只有抓住重点污染源、抓住工业生产这些重点环节,并将它们逐个击破,才能凝聚全社会的力量,将低碳减排、节能环保的意识融入我们的血液之中,同呼吸、共努力,才有可能重见美丽的蓝天。

谢谢!

第二节　医疗·教育·网络

医疗、教育、网络问题是社会关注的长效热点。医疗是人们的健康保障,教育是立国之本,而网络则已经成为人们生活中必不可少的组成部分,并且其影响力也在日益扩大。医疗、教育和网络的发展完善对国家和民众而言都是举足轻重的。因此,该类话题也是即兴评述考试的重点。

医疗问题

看病就医等医疗问题一直是社会的难点,随着医疗改革的不断深入,一些问题也不断凸显,挂号难、看病难、天价药等老问题依旧没有得到妥善解决,然而新的问题也随之而来,医患矛盾加剧、医德医风问题等也引起人们的关注和讨论。

范例 13-10

评述材料:近几年,医患矛盾问题得到人们的广泛关注,引发大规模的讨论。从 2019 年年末到 2020 年 3 月,仅四个月的时间内,就接连发生了 7 起伤医事件。2019 年 12 月 24 日,民航总医院医生杨文在值班时被病人持尖刀扎刺颈部死亡。2020 年 1 月 20 日,朝阳医院眼科医生陶勇与其助理刘平出诊时被一名男子持刀砍伤。2020 年 3 月 27 日,湖北汉川市人民医院医生黄某被两名新冠康复者殴打。其中在 1 月被砍伤的陶勇医生更是国际上知名的眼科医生,被砍伤以后,他将不能再登上眼科的手术台。

别冷了"医者仁心"

尊敬的评委老师好!我的即兴评述题目是"别冷了'医者仁心'"。

有人说,医生是最接近天使的角色,他们身穿白大褂,心怀责任感,奔波在救人性命的第一战线,手里的手术刀就是医生"隐形的翅膀"。但是近几年来,医患矛盾越来越严重,本是救人生命的白衣天使,却被自己救下的病人反咬一口。病人也有自己的苦衷,有时排队难、挂号难、诊断难,在治疗过程中的负面情绪就有可能转移到医生身上。

比如排队难,就在今年 3 月,湖北省汉川市人民医院就有两名新冠康复者因为 CT 的排队时间过长而对值班医生大打出手,导致医生轻伤;再比如诊断难,今年 1 月在北京朝阳医院,就有一名病人因为和医生的治疗观念不一致,在治疗过后将主治医生砍伤……伤医事件频频出现,虽然病人也有自己的理由,但我们不能冷了"医者仁心"。

在疫情爆发以来,广大医生冲锋在前,舍生忘死,是新时代最可爱的人。社会有一千个理由保护医生,但没有理由去伤害医生。对于医护人员来说,保护人民的身体健康是他们的职责,而恪尽职守是他们的选择。对于这样一群献身自我服务大众的人,我们理应给他们尊重、理解和维护。他们不为名利的付出,不应该换来冰冷的刀锋相向。

而国家也十分重视这个问题。此前,北京市人大常委会对《北京市医院安全秩序管理规定(草案)》进行一审。虽然只是草案,但其中的很多规定和措施都有着一定的可行性,比如对急诊等重要区域 24 小时值守等,都把医者安危放在了中心点上。

国家从外部管理发力,但最根源的措施,还是要提高我们民众的基本素质。就算有再大的意见分歧,也不应该选择用伤害他人的方式去发泄自己的怒火,打心底里尊重每一位医者,是当下我们最应该持有的心态。陶勇医生曾说,"希望暴力伤医事件在我这里终止",希望怀抱着对医者的尊重的我们,能够早日构建一个医患关系和谐的社会。

谢谢!

范例 13-11

评述材料：挂号难是个老问题，年年喊，年年难。挂号难是优质医疗资源短缺的一个缩影，集中体现在大城市大医院专家号供不应求。尽管社会各界强烈呼吁，但仍无法满足患者的需求。

挂号难

尊敬的评委老师好！我的即兴评述题目是"挂号难"。

"医疗改革"一直是百姓最为关注的焦点话题之一，"看病难""号贩子"成为网友留言中的"高频词"。自2009年新医改启动以来，"挂号难"问题依然没能彻底解决，"挂号难"目前仍然是老百姓心中看病就医的"三大难"之一。

挂号为什么那么难？根本原因在于优质医疗资源不足。大医院、名医生总量还是太少；医疗资源的分布又存在严重不均衡，好的医院主要集中在大城市。化解挂号难，不可能一蹴而就，从根本上说，有待于医疗卫生事业加快发展。其间，有关部门也可以有所作为，比如，优质医疗卫生资源不断向基层医院倾斜，进一步简化网上预约、电话预约的流程等。但最重要的是，要真正把患者的"难"放在心上，把那些通宵达旦排队的人当亲人。只要有这样的情怀，大家就一定能够想出更多化解挂号难的好办法。

目前，有很多医院为了缓解挂号难问题，采取了预约挂号、增加号源、网上预约、微信绑卡预约等多项措施，在某些方面给挂号的病人提供了过去前所未有的便利，但却仍然未能从实质上解决挂号难这一问题。从本质上看，挂号难反映了我国优质医疗资源短缺、卫生资源分布不均衡、分级诊疗机制不健全等问题。因此，解决挂号难，绝非一朝一夕之事。必须不断深化医改，触动深层的体制机制改革。

解决看病难问题，从长远来看，还要大力培养医疗人才，实施医疗资源的均衡化、分级诊疗等，这些全局性、系统性的措施，真正发挥作用也许要等上相当长的一段时间。

对于今天公共医疗资源相对有限的中国社会来说，必须通过理性的制度设计，来获得医疗绩效与医疗资源分配公平性上的平衡。一方面，要争取让大量可以自愈的小病的患者不浪费医疗资源，尤其是不浪费大医院的医疗资源。另一方面，要让多数慢性病患者在社区就近得到治疗，而不是挤大医院。要在医保制度、医生资质评审制度、医疗资源分配制度等一系列问题上治本。希望有一天，咱老百姓们都能享有便捷完善的医疗条件。

谢谢！

范例 13-12

评述材料：连续工作23个小时，陈兴澎累倒在手术室；连续32个小时的超长手术后，3名医生累倒在手术室；助产士徐龙娟8小时接生11个宝宝，累倒在产妇身边……"医生累倒躺地照"频频出现。救死扶伤是医生天职，白衣天使如此"拼命"，不光为医德医风树立了标杆，也再一次让公众了解到医生肩上的压力与付出的艰辛。

医生的健康谁来保障？

尊敬的评委老师好！我的即兴评述题目是"医生的健康谁来保障？"

当连续工作23个小时的陈兴澎医生累倒在手术室，当连续32个小时的超长手术后3名医生累倒在手术室，当助产士徐龙娟8小时接生11个宝宝累倒在产妇身边……这些事绝对是中国正能量，也使我们颇为感动。但是，感动之余你想过它背后存在的隐患吗？近年来，医生非正常死亡屡屡见于报端，医生猝死或累倒在手术室的现象频发，医生的生命与健康日益受到威胁。作为人民健康的守护神，为什么医生自己的健康会出现危机？医生的健康又该由谁来守护呢？

这些连番出现的医生猝死或累倒在手术室事件，足以警示人们：应该重视医生的健康。的确，救死扶伤是医生的天职，身为医生，成功挽回一条生命，他们和病人家属一样开心。但他们不是铁人，更不是神人，超长的工作时间以及超强的工作压力也会夺走他们的健康和生命。目前，全国医师队伍健康情况令人担忧。在第四次国家卫生服务调查对象中，79.8%的医务人员反映工作负荷重，认为工作压力过大者达33%。医生过度劳累，深层次原因很多，主要的不外乎三点：一是受医疗水平限制，病人相对集中。二是病人等不了。三是培育顶尖医疗人才需要漫长过程。所以我们公众应该对医生多一些理解。在医患关系紧张的当下，如果社会能对医生多一些理解、宽容，我相信这对于那些坚守岗位、治病救人的医生来说，是莫大的安慰和支持。

另外，我们也应建立一个健康的医疗秩序或医疗卫生服务的问责制度，让医务人员不再处于复杂的利益关系中，使他们不被其他的烦忧困扰或是承担一些无谓的压力。医院也应为医生提供"如何应对压力""压力管理"等方面的培训，以帮助医生有效地应对压力、舒缓压力和排解压力。同时，也应采取一些积极措施来确保医生的生理健康，包括改善医疗工作环境、定期体检、组织医生参加体育活动等，因为医生的健康就是病人生命安全的保障。

当伟大的白衣天使为治病救人拼尽全力的时候，我们是不是应该用宽容与关怀，为他们保驾护航呢。

谢谢！

教育话题

十年树木百年树人,教育是一个国家兴盛的保障。教育与政治、经济、文化等方面有着极为紧密的联系,对国家、民族的生存和发展有着关键性影响,是人们关注的永恒话题,同样也是社会关注的长效热点。

范例 13-13

评述材料:我国现有乡村教师 290 万,仍然存在着较大的人才缺口,同时乡村教师的待遇、社会地位也有待提高。

教育部将以落实中央 4 号文件为统领,深入落实乡村教师支持计划,进一步加强乡村特别是贫困地区教师队伍建设,谋划新周期、推进思路,实施好已有政策项目,努力建设一支符合乡村特别是贫困地区需要的新时代教师队伍,为确保到 2020 年全国各地同步进入小康社会提供强有力的师资支持。

乡村教师:为大山的孩子点燃希望

尊敬的评委老师好!我的即兴评述题目是"乡村教师:为大山的孩子点燃希望"。

青少年阶段是受教育的最佳时期,但有这样一群孩子,他们渴望教育,却不能如愿。他们就是来自城市的边缘、来自大山深处的孩子们,他们渴望求学,在合适的年龄却受不到合适的教育;他们渴望得到关爱,却没有得到应有的社会关注。我们的眼睛应该放在他们身上,让他们知道社会没有放弃他们。

我国现在乡村教师队伍出现的问题主要有两个:一个是源头少,愿意成为乡村教师的人数少;另一个是留不住,乡村教学环境差,教师待遇差,"留不下,待不住"的情况普遍。

国家为了扭转乡村教师"请不来、留不下、待不住"的状况,提出"乡村教师支持计划(2015—2020 年)",提高乡村教师生活待遇,统一城乡教职工编制标准,职称评聘向乡村学校倾斜。给乡村的老师们更多更优厚的待遇,并且加快培育优秀教师人才,为乡村教师这个队伍储备后力。

而我们也应该对这些问题表示关注,努力学习好科学文化知识,并且加强自身素质,不断为祖国的教育事业作出自己的贡献。希望有一天,我们能身处一个教育普及的世界,一个教育资源分配均衡的世界。

谢谢!

范例 13-14

评述材料:中共中央、国务院日前印发《关于全面加强新时代大中小学劳动教育的意见》(以下简称《意见》)。《意见》要求广泛开展劳动教育实践活动。《意见》提出,家庭要发挥在劳动教育中的基础作用。注重抓住衣食住行等日常生活中的劳动实践机会,鼓励孩子自觉参与、自己动手,随时随地、坚持不懈地进行劳动,掌握洗衣做饭等必要的家务劳动技能,每年有针对性地学会1至2项生活技能。

鼓励学校(家委会)和社区等组织开展学生生活技能展示活动。学生参加家务劳动和掌握生活技能的情况要按年度记入学生综合素质档案。鼓励孩子利用节假日参加各种社会劳动。家庭要树立崇尚劳动的良好家风,家长要通过日常生活的言传身教、潜移默化,让孩子养成从小爱劳动的好习惯。

新时代在学生中弘扬劳动精神

尊敬的评委老师好!我的即兴评述题目是"新时代在学生中弘扬劳动精神"。

前不久,中共中央、国务院印发《关于全面加强新时代大中小学劳动教育的意见》,强调劳动教育是中国特色社会主义教育制度的重要内容。

劳动是成功的必由之路、创造价值的源泉。习近平总书记曾强调:"要在学生中弘扬劳动精神,教育引导学生崇尚劳动、尊重劳动,懂得劳动最光荣、劳动最崇高、劳动最伟大、劳动最美丽的道理,长大后能够辛勤劳动、诚实劳动、创造性劳动。"

"劳"是动手实践,是出力流汗的教育。现在,在一些青少年中出现了不珍惜劳动成果、不想劳动、不会劳动的现象,根源就在于劳动教育被淡化、弱化。事实上,挥洒劳动的汗水、体味劳动的艰辛,才能收获劳动的快乐,也才能真正理解劳动的内涵。实践证明,爱劳动、会劳动不仅不会耽误学习,反而能够促进学习,有助于人的全面协调发展。

家长应鼓励孩子自觉参与、自己动手,在衣食住行中掌握必要的家务劳动技能,让孩子从小养成爱劳动的好习惯。学校应开齐开足劳动教育课程,科学设计课内外劳动项目,采取灵活多样形式,激发学生劳动的内在需求和动力。全社会都应注重发挥协同作用,开放实践场所,搭建活动平台,支持学生走出教室,动起来、干起来。

劳动教育具有树德、增智、强体、育美的综合育人价值。通过劳动教育,使学生能够理解和形成马克思主义劳动观,牢固树立劳动最光荣、劳动最崇高、劳动最伟大、劳动最美丽的观念;体会劳动创造美好生活,体认劳动不分贵贱,热爱劳动,尊重普通劳动者,培养勤俭、奋斗、创新、奉献的劳动精神;具备满足生存发展需要的基本劳动能力,形成良好劳动习惯。

劳动创造美好生活。今天,人类劳动的形态已经发生了巨大变化,开展劳动教育也须与时俱进。以《意见》印发为契机,全面构建体现时代特征的劳动教育体系,广泛开展劳动教育实践活动,我们就一定能引导学生树立正确的劳动观,使其在劳动中提升综合素质、促进全面发展,成长为担当民族复兴大任的时代新人。

谢谢!

(改编自人民日报　张烁《人民日报人民时评:在学生中弘扬劳动精神》)

范例 13-15

评述材料:近日,一则招聘信息引起了热议。湖北襄阳一名在职的妈妈,招聘保姆去大学照顾刚上大一的女儿。保姆的工作很简单,只需负责煮菜做饭、洗衣服、收拾房间卫生即可。因为工作太忙,妈妈没时间家里和学校两头跑,女儿从小养尊处优,没有做过家务,这位妈妈担心她一个人不会照顾自己。那么"为大一女儿招聘保姆"真的有必要吗?

"为大一女儿招聘保姆"真的有必要吗?

尊敬的评委老师好!我的即兴评述题目是"'为大一女儿招聘保姆'真的有必要吗?"

当下,不少家长在教育子女方面非常矛盾,既希望孩子成为有用之才,又希望他们免受风吹雨打。所以,偏重孩子的文化课教育,却忽视了从小培养孩子的动手和自理能力。孩子从出生起,就生活在无微不至的关爱和细心呵护中。

当前,我们虽然处于现代社会,但传统文化对中国人的影响是耳濡目染又潜移默化的,在我国的基本家庭模式下,子女从小的衣食住行、接受教育无一不是在父母的督促甚至是包办下完成的,这样长大的孩子,由于没有经受日常生活的摔打、磨炼,加上自己少有独立做决定的机会,所以演变成很多人从学校毕业步入社会以后,不能妥当地处理复杂事情,仍然需要父母出面支持甚至继续大包大揽。

这样的做法会使孩子养成"饭来张口,衣来伸手"的坏习惯,导致孩子长大之后生活自理能力差、生存技能弱。"花钱图安心"只是家长的一厢情愿。家长无法呵护孩子一辈子,孩子的人生道路终究要他们自己走完。温室里长大的鲜花如何去经受外界的风雨?作为家长,该放手时就要放手,这对孩子的成长有利无弊。

教育家陶行知提出:"生活就是教育。好生活就是好教育,坏生活就是坏教育。"无数事实证明,让孩子从小在生活中学会基本技能,掌握自理能力,经受一点磨炼,接受一些挫折教育,能促进孩子成长成才,形成健全的人格。

谢谢!

网络事件

21世纪是一个数字化、网络化的时代,人们的生活已经与网络紧密相连,网络成了很多信息的发源地,一些新闻事件也常常能在网上引起热烈的讨论。一方面,网络的开放与包容促进着社会的发展与进步,网络世界已经成了人们表达观点、发表意见的一个重要场所。另一方面,一些网络问题也接踵而至,引人深思。

范例 13-16

评述材料:随着5G时代的来临,直播电商火了。首秀的罗永浩在抖音平台上3小时卖了1.1亿元,"带货女王"薇娅在直播间卖出了淘宝史上首单售价4000万元的火箭,快手直播带货王辛有志单场交易4.8亿元,创下直播电商新纪录。直播+电商作为直接勾连用户和商品销售的一种越来越重要的新模式,让业界直呼直播+电商已成为网络零售的下一个风口,而随着诸如AR/VR等直播技术的升级,直播+电商更是让业界产生无限的想象……而在火爆的行业背后,"担心商品质量没有保障"成为消费者最大的顾虑,占受访者的60.5%,"夸大其词""假货太多""鱼龙混杂""货不对板"是消费者对商品质量方面的集中诟病。同时,有37.3%的受访消费者坦承在直播购物中遇到过消费问题,但仅有13.6%的人进行投诉。

直播带货火爆,市场监管不能缺位

尊敬的评委老师好!我的即兴评述题目是"直播带货火爆,市场监管不能缺位"。

近几年的双十一,让直播火了一把又一把。尽管之前直播已经火了一次,但是,由于那个时候的直播始终没有找到一个完整的商业模式,最终变成一个匆匆过客。经过调整之后,在李佳琦、薇娅等主播的联合作用之下,直播再度来到人们面前。同以往直播仅仅局限在秀场的模式不同,现在的直播更多地与电商、新零售等行业深度融合。在线上,我们可以通过直播跟着网红主播来"血拼"。这个时候,直播已经不再是人们消遣娱乐的方式,而是真正与商业深度结合在一起了。

然而,当直播带货在网络视频端成为普遍现象时,相应的监管规则还不完善,加上较低的行业准入门槛,五花八门的直播带货令人眼花缭乱。虚假宣传、伪劣产品、数据造假、售后服务跟不上和维权难等问题也随之发生,不少带货名家都曾经现场"翻车"。所以,只有加强监管,才会让这个行业更规范,更有标准性,从而良性发展。

市场监管,是控制电商直播产业野蛮生长的必然配套要求。数据显示,2019年,

我国直播电商市场规模已经到达4338亿元,预计2020年行业总规模还将继续扩大。尤其在目前的疫情影响之下,电商平台的"云直播"、多产业的"云复工"、消费者"云逛街""云购物"都"热情高涨"。对于新兴的直播带货模式,市场监管必须及时跟上。

一是要积极营造健康有序的法治环境。要在广泛调研直播带货现象的基础上,及时修订《广告法》和《电商法》,加大对直播带货电商平台的监管审核力度,提升直播带货准入门槛和准入要求,禁止未经审核备案就进行直播带货的行为,将直播带货纳入有法可依的监管范畴。

二是应建立电商直播的诚信评价机制。作为一种营销行为,广大主播不能只要人气、只获收益、不担责任。既然是销售,货真价实是起码要求。对于随意夸大、欺诈、误导消费者的直播带货行为,要实行"零容忍",对直播带货虚假宣传的网红除进行严厉经济处罚之外,还应该拉入黑名单,实行封号处理,并应纳入社会诚信考核体系。

三是要建立多元主体参与的监管体系。市场监管部门、网络直播平台、电商行业协会、市场监督员和广大消费者都应该积极参与到直播带货的监管中,各司其职,既分工,又配合,形成一张强大的监管合力网,增强监管的威慑力,维护消费者的知情权、选择权与监督权,把保护网购消费者的合法权益落到实处。

翻阅这两年的直播带货史,很多违法事件还历历在目。对此,国家市场监督管理总局已经释放出从严监管直播带货的明确信号。相信这个行业的健康发展指日可待。

谢谢!

(改编自人民网　蔡斐《直播电商火爆,市场监管不能缺位》)

范例 13-17

评述材料:最近,一股"不求点赞只求扩散"的网络转发如潮涌般覆盖了微博、微信、各大论坛讨论版以及贴吧,转发的内容都和"拐卖儿童团伙四处作案"有关。帖子中有准确的地址,还有"警方已经立案调查"等字眼,引起了不少市民关注。但经过警方核实,这样的消息都是谣言。警方提示公众:理性转发网络信息,造谣传谣是要承担法律责任的。

别让"朋友圈"成谣言集散地

尊敬的评委老师好!我的即兴评述题目是"别让'朋友圈'成谣言集散地"。

技术的突破将我们带进了新媒体时代,人人都有"麦克风"。但是,也正是这样的时代,让信息急剧增加,而在这个过程中,很多谣言也夹杂在其中得以传播,如今,"朋友圈"也成为谣言的集散地。

谣言之所以能够在"朋友圈"中快速传播,一是因为人们更愿意相信朋友提供给我们的信息,正是这样的暗示,使得我们更愿意相信那些谣言是真实的。二是,如今的谣言多以我们关心的话题为切入点,比如食品安全、人体健康、政府问责、贫富矛盾等,正是因为现实中这些矛盾较为突出,给谣言提供了传播的土壤。另外,大部分在"朋友圈"中传播的谣言都有较为详细的信息,让浏览者以为确有其事。而且,朋友圈谣言较为隐蔽,并不利于查处。

谣言止于智者,其实如果我们细心地观察,就能发现这些谣言的漏洞。而培养和引导广大网友成为"智者"才是更加重要的。一般的谣言都会配以大量的图片,给人造成"眼见为实"的假象,同时都会模仿相关权威部门的措辞,让我们相信确有其事。但是,这些谣言都有一些共同问题:一是制作比较粗糙,二是发布平台并非官方平台,三是标题写得夺人眼球。只要看到这些特点,我们就要谨慎小心。另外,面对铺天盖地的信息,我们更要学会等一等,等待的是真相,等待的也是您的一份安全。

谢谢!

范例 13-18

评述材料:"网络暴力"再添新例证——高考作文原型被"人肉"后遭恶语相向;"质疑何炅吃空饷"事件中,举报人乔木的手机、邮箱、微信、女儿照片等个人隐私被网友公开,遭到众多网友辱骂乃至人身威胁;乌鲁木齐一男子护子打狗,迅疾遭到人肉搜索;之前成都女司机与"路怒"冲突事件中,女司机也在遭遇街头暴打后,又经历了网络"暴力围攻"。

治理网络暴力还需管控网络暴民

尊敬的评委老师好!我的即兴评述题目是"治理网络暴力还需管控网络暴民"。

近些年来,人肉搜索成为经常出现的词汇,而热门话题下也会经常出现各种恶俗的谩骂之声,网络暴力大有愈演愈烈之势。面对网络暴力,每个人都有可能成为受害者,所以管控刻不容缓。

网络暴力更多的是一群网络暴民在煽动,他们凭借着网络的虚拟性和匿名性,将自己的各种负面情绪放大并释放在网络之中,动辄对人破口打骂,更有甚者公开进行人身威胁。所以,净化网络环境当务之急是要管控网络暴民。网络治理目前存在着很多问题,如监管难、锁定难、惩处难,正是因为存在这些问题,无形间放大了人们的情绪,让社会中的戾气出现在网络之中。但是,也正是因为存在这样或那样的问题,我们更加应该加快网络环境的建设,尽快出台治理网络环境的举措,将那些不法之徒一一揪出。现如今,很多网络信息讲求实名制,这为治理网络暴力带来了一定的好处,但是长远来看,提高网民素质才是更加重要的。面对网络暴力,大多数受害者选择了沉默和忍耐,这是对网络暴民的极大纵容,反而会让他们变本加厉。所以,面对网络暴力,我们更应该坚决反击,采取合法手段维护自身权益。

截至 2020 年 3 月,我国网民人数已经达到 9.04 亿,每一个人都是时代的记录者和见证者,每一个人都无法在网络中独善其身,只有我们共同遵守网络文明,共同规范网络环境,才能让网络成为助力时代进步的利器。也只有在这样的环境下,我们才能安心上网,快乐上网。

谢谢!

第三节 文化·道德·法律

文化、道德和法律是文明社会的基石,是一个民族进步的重要支撑。文化是一个国家软实力的象征,在一定程度上也能反映出公民的个人素养。道德是一种柔性的制约,往往代表着社会的正面价值取向,是一种向善的力量,能够感化人的心灵。与文化和道德不同,法律则是一种硬性的规章制度,是社会正常运转的保障,文明社会首先必然是一个法治的社会。

文化建设

文化是一个民族的血脉。中华民族上下五千年的历史创造了璀璨的中华文化,而璀璨中华文化又维系着中华民族的绵延发展。文化的传承既是中华民族生生不息的精神动力,又是中华民族昂首走向世界、实现民族复兴的精神资源。文化是国家实力的象征与体现,也是精神文明建设的重要组成部分,面对如今很多文化缺失的现象,文化保护显得尤为重要。

范例 13-19

评述材料:2019 年 1 月 29 日,"咪蒙"旗下微信公众号"才华有限青年"推送的《一个出身寒门的状元之死》一文引发关注,文章讲述了一位出身贫寒却努力上进的高考"状元",坚持道德原则却在生活中屡屡受挫,最终因病早逝的故事。"寒门状元"故事的真实性很快遭到了群众的质疑。

2月1日,"咪蒙"团队发布道歉信,其各大平台媒体运营账号被注销。

煽情传播不应四处泛滥

尊敬的评委老师好!我的即兴评述题目是"煽情传播不应四处泛滥"。

微信公众号向来是广大民众了解咨询的主要平台之一,它方便快捷,而且可以汇聚八方声音,开阔读者的视野。但在快节奏的当下,总有一些媒体平台想要通过公众号来打造"流量爆款",追求热门,而不沉心制作公众号内容。

比如"咪蒙"。"咪蒙"在微信公众号平台上的宣传非常出名,曾经在2015年,许多女性的"朋友圈"就被其迅速霸占。许多人到现在都被那句"你过得不好,因为你太听话了"影响,甚至将其作为人生信条。这些不输于广告文案的"咪蒙"金句,句句火爆流传,从中我们可以看到满满的"煽情主义"元素。什么是煽情传播呢?就是以激发读者的感官刺激和情感唤起为目的的传播,被视为"以诚实、准确、公正为准则的传统新闻的道德滑坡和价值体系崩塌"。正如澎湃新闻所说,"咪蒙"系写作往往事先揣度读者的心态和情绪,再炮制出相应的情绪填充物,所有的情绪、构思、表达乃至想传达的意思,都缺乏最基本的诚实,它们或夸大、或断章取义、或哗众取宠。

这种煽情主义传播不仅不传达正确的事实,还违背正确的价值观、价值理念,引发人们的恐慌或震惊。"咪蒙"消失了,可是数字媒体世界煽情主义传播风头依然正盛,有许多网络账号依然活跃在煽情传播的最前线。

作为传播的对象,我们最应该做的还是擦亮自己的眼睛,认真分辨网络上的虚假与真实。没有传播市场,企图用这样的方式得到利益的媒体自然会慢慢退出市场。

谢谢!

范例13-20

由中国新闻出版研究院组织实施的第十六次全国国民阅读调查,日前对外公布了结果。0~17周岁未成年人图书阅读率有所下降。2018年我国0~17周岁未成年人图书阅读率为80.4%,低于2017年的84.8%。许多年轻的"上班族"表示,平时工作忙,没时间看书;而很多受访的青少年坦言,辅导班太多,课业负担重,没时间是阅读量下降的主因。

去功利化才是阅读回归的根本

尊敬的评委老师好!我的即兴评述题目是"去功利化才是阅读回归的根本"。

阅读让人精神丰富,知识给我们指明前行的方向。但是当我们的生活变得碎片化,当我们大部分时间都是为了完成任务的时候,我们自然也就忽略了阅读。古人常说,书中自有颜如玉,书中自有黄金屋。这种功利化的阅读方式其实无形间已经将阅读的目的改变了。改变功利的阅读观念,才能重新唤起人们阅读的兴趣。

在当今社会,也许只有时间是奢侈品了,我们已经不愿把太多的时间浪费在阅读上,认为阅读并不能给自己带来实质的收获,甚至有"更重要的事"去做,没有时间花费在阅读上。功利心让我们急功近利,让我们更加奔波于工作、升学之中,无暇顾及阅读。同时,信息的大量堆积是当今的显著特点,在信息爆炸的大环境下,信息也变得异常廉价,质量也不是太高。社会的快速发展让我们开始一味向钱看,向功名利禄看。功利的生活才是我们时代的苦痛和悲哀。甚至,作为学生的我们也不得不面对做不完的作业和永无止境的补习班,就是为了有朝一日考取一个名牌大学,这不得不说是教育的缺憾。所以,改变阅读缺失更应让阅读成为真正的享受,改变了目的的阅读,也就少了一分铜臭味。让生活慢下来,享受功利之外的快乐才是更加重要的。

都说腹有诗书气自华,希望每一个人的身上都能散发出迷人的书香味。

谢谢!

范例 13-21

近些年来,像圣诞节、情人节这样的西方节日越来越受到中国人的喜欢。相反,中国的传统节日,如中秋节、端午节、重阳节等,国人越来越不知道该如何去过。一项网上调查显示,年轻人喜爱"洋节日"远远胜过传统节日。"洋节日"为什么会如此受青睐?

莫把洋节当猛兽

尊敬的评委老师好!我的即兴评述题目是"莫把洋节当猛兽"。

"洋节热"已经不是热词了,但是关于"洋节热"的讨论并没有冷却。近些年来,随着改革开放的深入,无论是西方美食还是西方节日,无不充斥着我们的生活。爱之者喜不自胜,恨之者咬牙切齿。其实我们大可不必把洋节当作洪水猛兽,它们的到来更能让我们正视我们的传统节日。

节日是文化的外在表现形式之一,不同的节日蕴含着不同的文化。处在不同文化土壤中的国家或民族,所过的节日也就不尽相同。如今,我们已经很难忽视他国,独自生存了,文化也就在这一过程中不断渗透融合。其实,关于洋节热我们大可不必谈之如虎,中华文化也从来不是故步自封的,文化的融合远比文化的独立更为重要。面对洋节热的同时,我们更应该思考的是传统节日的冷。是什么原因让洋节热而让中国节冷?我们需要如何继承和发扬传统节日?这些问题才是至关重要的。

俗话说知己知彼，百战不殆，相比于洋节，我国的传统节日仪式性更强，趣味性较少，而且更多是强调家庭的团圆。这本无可厚非，但是当今快速发展的社会，已经让我们家庭单元变得更小，回家次数更少了，这种仪式感也就失去了部分吸引力。这恐怕才是我们传统节日遇冷的原因。洋节热恰恰是融合交流的大好机会，客观看待，取其精华，扬我传统，才是我们奋斗的方向。所以面对洋节热，别太把它当猛兽，强大自己可能更加重要。

谢谢！

道德修养

道德是指人与人之间相互关系的行为准则和规范的总和，同时也指那些与此相应的人们的思想、行为和活动。道德是社会主义精神文明的一个重要组成部分，它反映整个社会的精神风貌，也反映个人的思想觉悟、精神境界、文明教养以及自我调节、自我控制的能力。道德能够通过社会舆论和人们内心的信念，使人们在不知不觉中改过向善，它是一种柔性制约，也是构建和谐社会的重要力量。

范例 13-22

评述材料：当城市轨道交通在全国普遍铺开，不少市民感受了"地铁时代"的速度、便捷。但也有一些网民在微博、论坛等互动栏目中反映，乘坐地铁过程中发现不少在车厢内饮食、不按秩序排队、在地铁站给孩子把尿、情侣当众过分亲热等不文明现象，并呼吁乘客加强自律意识，当好城市文明的传播者。

公德需要氛围

尊敬的评委老师好！我的即兴评述题目是"公德需要氛围"。

在面对种种不文明现象的时候，我们很多人只愿意做"沉默的大多数"，而这沉默的背后，是公德感的逐渐丧失和自身权益的消失殆尽。我们看到的更多是现场大家失声，网上群情激奋。其实这更像是新版的"皇帝的新装"，当我们所有人都不愿或者不敢得罪这种不文明现象的制造者时，就会有更多的人陷入新一轮的沉默之中，最终形成一种"沉默的螺旋"。我们需要的，恰恰是第一个扯下"新装"的人。打破沉默才能营造共同维护公德的氛围，打破沉默才能不让陋习肆意妄为。而正是因为缺乏这种讲究公德的氛围，才导致我们成为"沉默的大多数"。

去别的国家旅游的游客可能有这样的体会，当你所处的环境是整洁干净的，人们是文明礼貌的时候,你也就会成为文明的维护者。可是为什么我们回到自己的国家,或者身处更差的环境之中,便成为文明的践踏者呢?这种破鼓万人捶的尴尬局面,正是我们现在所经历的。营造公德氛围远远要比谴责某个具体的人或事件更加重要,而公德氛围的营造就需要每一个社会公民的努力以及公共场所明确的行为规范。没有规矩,不成方圆,只有我们懂规矩,守规矩,护规矩,才能维护住自身的权益。不做沉默的大多数,不做文明的冷漠者,不做公德的失声者,我们才能真正收获公德带给我们的舒适和文明。

谢谢!

范例 13-23

评述材料:2019 年 4 月 11 日,一则"奔驰女车主哭诉维权"的视频在网络开始发酵,女车主花 20 万首付在西安利之星 4S 店购买一辆奔驰车,但车还没有开出 4S 店女车主就发现发动机漏油问题,车主多次找 4S 店协商,在接连被 4S 店拒绝退款、换车之后,被要求只能更换发动机,女车主被逼无奈,爬上引擎盖哭诉。视频在网络引发强烈关注,随即西安市有关部门介入调查。16 日晚,女车主和西安利之星汽车有限公司达成换车补偿等和解协议。

消费者维权难值得深思

尊敬的评委老师好!我的即兴评述题目是"消费者维权难值得深思"。

近日,一段"奔驰女车主哭诉维权"的视频在网络上持续发酵,让西安利之星汽车有限公司与奔驰公司成为焦点。"哭诉维权视频"在微博上传播之后,多个相关热搜上榜,阅读量纷纷过亿。

个体维权之艰难在这次哭诉事件中表现明显,在没有法律保障、政府部门支持的情况下,单个消费者在面对庞大的商业机构的时候,往往势单力薄。媒体的评论也多次指出,唯有法律和监管才能让消费者挺起腰杆,才能让女车主避免再次爬上引擎盖的尴尬。

随着全球开放的态势、共享经济的到来、科技的日新月异,国内产品、国外产品琳琅满目,线上线下时不时就会爆出某个产品有掺假、质量不合格等新闻报道。目前,我国现行法律条文繁多,且由于律师证的取得较难、法律工作者偏少、基层司法人员不专业等因素,导致老百姓维权成本较高,在自己的权益受到侵害时更多的是选择算了、忍了、下次再也不去这家的心态,以及部分企业、生产商等违法成本低,导致很多不合格产品在市面上不断流通,侵害了广大消费者的权益,让百姓的获得感打了折扣。

更好地保障人民权益,生产商、经销商、消费者能自觉守法、用法,为实现高质量的发展奠定诚信基础,需要更多专业的人才来解读、宣传、帮助百姓维护权利。我认为可以从以下几点来进行：

一是加大依法治理的宣传和普及力度，保证监督举报渠道的畅通，提升广大群众的法律意识。

二是加强学校学生、企业法人等法律教育的纵深推进，让每一个企业法人、学生都掌握基本的法律常识，进一步提升普法质量。

三是加强法律工作者的专业化教育培训，特别是加强基层法律工作者的配备和培训，对困难人群提供免费法律援助。

四是企业要将"消费者至上"的理念真正融入产品销售及服务当中，经营者应当尊重消费者权益，诚信、快捷解决消费纠纷，要建立完善合理的问题反馈和解决机制，给消费者一份消费安全保障。

一个成熟的市场环境，离不开市场主体的诚信、依法经营和市场监管部门的积极作为，更离不开相关法律法规的健全完善。创造良好的市场环境需要相关部门和商家共同努力，让消费者诉求能够依法得到公平、公正、高效的处理。

谢谢！

范例 13-24

评述材料：《上海市禁毒条例》于 2016 年 4 月正式实施，条例规定，广播影视、文艺团体及相关单位不得邀请因吸毒行为被公安机关查处未满三年或者尚未戒除毒瘾的人员作为主创人员参与制作广播电视节目，或者举办、参与文艺演出；前述人员作为主创人员参与制作的影视剧等不予播出。

德艺双馨才是好明星

尊敬的评委老师好！我的即兴评述题目是"德艺双馨才是好明星"。

从张默、宁财神到柯震东、房祖名，再到如今的毛宁、傅艺伟。一个个明星因为吸毒而陨落，让我们在惋惜的同时，也不自觉地感慨"贵圈真乱"。相比于明星吸毒，更可怕的可能是明星吸毒所起到的负面作用。

明星作为公众人物，举手投足都备受瞩目，他们的影响力自然也就超乎常人。正是因为这样，明星更应该格外爱惜自己的羽毛，不该让它粘上灰尘。这样不仅是对自己的负责，更是对公众的负责。然而吸毒的这些明星却抛弃了肩上的责任，不仅毁了自身形象，更毁掉了大好前程。

在众多的明星吸毒案件中，我们会惊讶地发现，很多人都是聚众吸毒，这样的娱乐圈"亚文化"圈究竟还有多少，我们不敢细想。作为明星，学艺固然是自己的立身之基，但是修德才是自身根本,没有了德行的明星,又如何受得起大众的爱呢?相较于老一辈艺术家,我们这一代人需要学习的还有太多,明星别丰富了肉体,干瘪了灵魂。

同时,如今很多人痴迷于对明星的关注之中,明星如何他们便竞相模仿,完全没有独立的人格。甚至当柯震东吸毒被抓时,竟有网友想和他关进同一所看守所中,这样的行为着实让我们骇然。

面对明星吸毒,从严治理固然重要,但是治理娱乐圈中的歪风邪气更加迫在眉睫,学艺还要习德,艺为技,德才是本。

谢谢!

法律保障

与道德对于人们的柔性制约相比,法律是刚性的。法律以法律条文的形式明确告知人们,哪些行为是合法的,哪些行为是非法的,违法者将要受到怎样的制裁等。

范例 13-25

评述材料:日前,琼瑶《梅花烙》著作权维权案终审落幕,被告于正被判公开道歉,琼瑶获赔500万。2014年12月21日,琼瑶通过花非花雾非雾官方微博讲述了从发现于正抄袭到最终二审获胜的心路历程,称创作热情被此事冻结。

抄袭不制止,日后徒伤悲

尊敬的评委老师好!我的即兴评述题目是"抄袭不制止,日后徒伤悲"。

前有教授论文造假,今有于正新作抄袭。从郭敬明的抄袭事件,到春晚小品的抄袭,再到如今的盗版横行,一次次简单粗暴的复制抄袭背后,体现的却是法律的无力与版权意识的淡薄。

对于知识产权,我国虽然有法律保护,但却告者寥寥,管者乏力。一是抄袭现象不易发觉,二是监管不够有力,三是全民版权意识欠缺。如今,我们进入信息爆炸的时代,随便上网一搜便会出现各种各样的信息,这为抄袭提供了温床,同时,正是因为大量信息的出现,使得抄袭现象更加普遍而不易察觉。这无形中为知识产权保护带来了挑战。再者,对于如何管控,我们也还存在一定的不足,相比于发达国家的知识产权保护,我们国家还只是处于起步阶段,还有大量的功课要补,完善法制之路还任重而道远。另外,我们普通百姓很多时候不太注意是否已经无意间侵权,自然抄袭现象也就得不到应有的重视,给自己的知识产权保护埋下了一颗定时炸弹。

面对这样的尴尬局面,单靠受害者的维权显然是不行的,必须要各方发力才能止住抄袭之风。在当今这个乱花渐欲迷人眼的社会里,我们更要建立一套完整的、行之有效的法律法规来保护自身权益不受侵犯。更要对抄袭者从严惩处,从严治理。同时,进一步加强人民的知识产权保护意识,让全民在产权保护方面形成共识,只有这样才能有效遏制抄袭现象。制止抄袭不能只靠个人的道德修养,更应靠我们共同的改变,你的不制止,便是对犯罪的纵容。

谢谢!

范例 13-26

评述材料:辽宁省人大常委会审议通过的《辽宁省学前教育条例(草案)》规定:幼儿园老师有打骂、恐吓、侮辱、虐待、歧视儿童,或者指使他人实施此类体罚、变相体罚行为,拟罚款 3000 元;情节严重的,拟取消教师资格;构成犯罪的,依法追究刑事责任。

别让虐童虐了法律和老师的尊严

尊敬的评委老师好!我的即兴评述题目是"别让虐童虐了法律和老师的尊严"。

儿童是祖国的未来,也是最需要照顾的群体。最近频繁爆出虐待儿童的事件,让我们为这群本该无忧无虑的孩子增加了更多的担心。在人们对于虐童者进行口诛笔伐的时候,我们更应该冷静下来思考,为什么这些虐童者敢如此猖獗地对孩子施虐?虐童事件频频出现又是为何?

对于虐童行为,我国还没有完善的法律法规来治理,这种无法可依的尴尬处境,也将儿童暴露在没有保护的环境之中,所以,当务之急是建立一套针对未成年的切实可行的法律保障体系,只有这样才能让虐童者敬畏法律,不敢施暴。

当前,我国对于幼儿教师的需求非常巨大,而专业的幼儿教师又相当欠缺,很多学校干脆找一些临时人员填补师资空缺。面对孩童,缺乏专业知识的他们自然也就少了几分耐心。所以,虐童事件背后体现的是幼儿教师团队的建设需要加强的问题,这就需要校方严格选拔,教育部门严格监督,多管齐下,确保幼儿园老师队伍的素质和专业性,也只有这样才能保证教师队伍的质量和孩子的安全。虐待儿童会给孩子身心带来巨大的伤害,从而影响孩子未来的发展,老师在孩子的成长过程中起到至关重要的作用,所以严格筛选教师队伍就显得更为重要了。

让孩子重新拥有一个安全快乐的童年,远离暴力,远离虐待,是教育的责任,更是社会的责任。不要让虐童一次次地虐心。

谢谢!

范例 13-27

评述材料：根据深圳市政府提交的条例修订草案，深圳将全面大幅度提升处罚额度，在禁烟区吸烟而且不听劝阻的，由目前罚款20元提高到500元。考虑到深圳市政府的修改草案，处罚金额较大且依据不充分，深圳市人大常委会决定就处罚金额举行立法听证会。

法要立，更要行

尊敬的评委老师好！我的即兴评述题目是"法要立，更要行"。

为控烟立法本是一件大好事，可是我们却几乎没有在日常生活中听说谁因为在公共场合吸烟而受到处罚。面对吸烟有害的忠告，广大烟民似乎还是能够为自己的不良爱好找到借口，但是他们不能因为自己的不良爱好而不顾其他人的健康。所以，面对烟民在公共场合吸烟，立法是非常有必要的，而且立法过后真正执行才是至关重要的。

吸烟看似是一件个人小事，但是当我们每个人都呼吸着二手烟时，再小的个人爱好也终会成为隐藏在我们身边的健康定时炸弹。中国是全球最大的卷烟生产国和消费国，中国吸烟人数占世界吸烟者总数的近30%，居首位。中国现有吸烟者3.01亿。我国每年吸烟导致的死亡人数超过100万，超过艾滋病、结核病、交通事故以及自杀死亡人数的总和。如果这一现状不加改变的话，到2020年，我国归因于吸烟的死亡人数将上升至200万，占总死亡的比重将上升33%。同时，我国每年还有10万人死于二手烟。当您看到如此触目惊心的数据时，您还觉得吸烟是一种享受吗？您还愿忍受他人的二手烟吗？只有立法并且坚决地执行，才能为我们赢得健康的空间。

立法不仅仅是为了公众环境，也是为了我们的健康；执行不是为了罚款数额，而是让我们的健康指数变得更高。所以，面对吸烟，法要立，更要行！

谢谢！

附录　即兴评述真题

播音主持艺考即兴评述题目每年都会更新,下面精选出近三年播音主持艺考即兴评述考题中较为常见或较有新意的题目,供考生备考练习。

一、中学生素质类

1. 学会放弃。
2. 聪明人还要下笨功夫吗?
3. 自然就是美吗?
4. 怎样理解"换一种眼光看困难"?
5. 如何理解"压力就是动力"?
6. 怎样理解"最小的善行胜过最大的善辩"?
7. 人生没有"如果",只有"后果"与"结果"?
8. 你愿意做大河里的小鱼还是小河里的大鱼?
9. 90后不敢看体检报告,你怎么看?
10. 谈谈你对诚信的看法。
11. 你如何看待拾金不昧?
12. 怎样理解"大爱无言"?
13. 如何理解"世界上最美丽的语言是微笑"?
14. 如何理解"态度决定一切"?
15. 谈谈拜金主义的危害。
16. 我看"美与丑"。
17. 性格决定命运吗?
18. 如何对待父母的唠叨?

19.你会为偶像疯狂吗?

20.谈谈什么是中国工匠精神。

21.如何看待欺骗?

22.你觉得该不该走出父母的保护伞?

23.你能接受善意的谎言吗?

24.你如何看待承诺?

25.请你谈一谈高中生是否应该经常参加社会公益活动。

26.请你谈一谈成材与逆境的关系。

27.网络游戏对中学生的影响是利大还是弊大?

28.竞争与合作哪个更重要?

29.现代社会文才与口才哪个重要?

30.追求理想与享受生活矛盾吗?

31.金钱追求可以与道德并行吗?

32.贫穷是一种灾难吗?

33.个性需不需要刻意追求?

34.代沟是父母还是子女的责任?

35.环保以人为本还是以自然为本?

36.地铁要不要设女性专用车厢?

37.朋友圈要屏蔽父母吗?

38.成大事者不拘泥小节吗?

39.你认为颜值重要吗?

40.评述教养在看不见的地方更宝贵。

二、时事评论类

1.如何看待"佛系",你"佛系"了吗?

2.如何看待明星天价片酬现象?

3.结合时事谈一谈坚持原则与发扬民主的关系。

4.一个名牌大学的学生,为救一个落水儿童牺牲了,你有什么看法。

5.结合时事,谈谈如何理解科学发展观。

6.从生活出发,谈谈怎样扩大社会主义民主,保障人民权益和社会公平正义,加快推进以改善民生。

7.如何评价短视频自拍?

8. "打卡帝"是作秀还是自我监督?

9. 谈谈你对"春晚"改革的看法。

10. 在央视主持人大赛中,有人评价康辉是"行走的新闻库",谈谈你认为的主持人素质问题。

11. 如何看待网红?

12. 过度包装朋友圈可取吗?

13. 如何结合现实坚持原则与发扬民主?

14. 你认为未来纸媒会消亡吗?

15. 结合形势,谈谈你对目前大学生就业难的看法。

16. 你对男女就业机会不平等现象如何看待?

17. 如何看待慈善捐助?

18. 联系现实评述当下网词"巨婴"。

19. 如何看待高校开设电竞专业?

20. 评述革命老区通了高铁。

21. 如何看待"大学生毕业后宁在一线城市哭,不愿在三线城市笑"现象?

22. 怎样看待春运难现象?

23. 如何看待传统剧的消弭现象?

24. 综艺节目泛娱乐化之我见。

25. 如何面对"求好评"现象?

26. 人工智能时代老人生活会智能化吗?

27. 如何看待花巨资打造网络主播现象?

28. 怎样评价中国制造到中国创造?

29. 对共享时代的来临怎么看?

30. 如何看待大妈跳广场舞?

31. 据媒体报道,在我国的某些大城市,一些商家开始要求员工对顾客进行"跪式服务",这引起了很大的争议,谈谈你的看法。

32. 社会上有人称90后是垮掉的一代,谈谈你的看法。

33. 如何看待网上烟头换鸡蛋现象?

34. 据新华社报道,北京市质量技术监督局2月25日通报了近期厨房家具产品质量监督抽查结果。此次共抽查北京43家企业的43种产品,有16种厨房家具产品质量不合格。谈谈你的看法。

35. 如何面对野蛮导游?

36. 结合当下时事,谈谈世界和平与自己生活的联系。

37. 如何看待双十一购物狂现象?

38. 针对生活中的浪费现象,谈一谈人们是否应该保持艰苦朴素的传统。

39. 银行等公共场合都设置了"一米线"来规范秩序,但一些人并不能很好地遵守,对此你有什么看法。

40. 根据我国市场情况,你认为企业用人应该以才为先还是以德为先?

三、格言新说类

1. 酒香不怕巷子深。

2. 吃得苦中苦,方为人上人。

3. 不经历风雨怎见得彩虹。

4. 千里之行,始于足下。

5. 绳锯木断,水滴石穿。

6. 厚积而薄发。

7. 万丈高楼平地起。

8. 宁为玉碎,不为瓦全。

9. 业精于勤而荒于嬉。

10. 皇帝女儿也愁嫁。

11. 己所不欲,忽施于人。

12. 学而不思则罔,思而不学则殆。

13. 不想当将军的兵不是好兵。

14. 狭路相逢智者胜。

15. 没有金刚钻就不要揽瓷器活。

16. 塞翁失马,焉知非福。

17. 沉默未必是金。

18. 天生我材必有用。

19. 无志者常立志,有志者立长志。

20. 自弱者扶不起,自强者击不倒。

四、常识文化类

1. 你最喜欢的一句名言是什么,为什么?

2. 你最喜欢的一部电影/电视/小说是什么,简单分析一下。

3. 如何看待艺术创作中的"俗"与"雅"?

4. 说一则最近发生的时事新闻带给你的启示。
5. 怎么理解艺术创作中的"真实"？
6. 如何看待"播音腔"？
7. 电影被称为世界第几大艺术，你对此如何理解？
8. 奥运会会徽的颜色有哪些，你如何理解？
9. 五岳的名称分别是什么？你最喜哪个，为什么。
10. 中国六大古分别在哪儿，哪一处最打动你？
11. 你喜欢哪种颜色，为什么？
12. 新中国成立后历届总理是谁，你最欣赏哪一位？
13. 请列举你最喜爱的三位欧洲古典文学作家和他们各自的代表作，选其一谈谈自己的认识。
14. 例举一年当中主要的传统节日，并谈谈对保护节日的看法。
15. 东方和西方的"画圣"分别是谁，你更欣赏哪一位？
16. 你如何理解网络传播和传统的大众传播的区别。
17. 你觉得一个城市的文化内涵应该体现在哪些细节？
18. 航天精神是什么，带给你怎样的启示？
19. 怎样理解主持人的亲和力？
20. 请介绍一本对你影响深远的好书。

参考文献

1. 谢伦浩. 演讲智慧术[M]. 海口:海南出版社,2002.
2. 谢伦浩. 即兴说话技巧[M]. 北京:中国社会出版社,2002.
3. 谢伦浩. 演讲写作技巧:2版[M]. 北京:石油工业出版社,2006.
4. 谢伦浩. 即兴说话素材大全[M]. 北京:石油工业出版社,2002.
5. 赵海卫. 即兴评述话题宝典[M]. 北京:中国传媒大学出版社,2013.
6. 张志雄,李文科. 演讲的技巧[M]. 呼和浩特:内蒙古出版社,2003.
7. 李建伟. 主持人话题宝典[M]. 郑州:河南大学出版社,2008.
8. 魏晋萍,刘利建. 影视高考话题评述宝典[M]. 北京:中国广播电视出版社,2012.
9. 谢伦浩. 实用演讲技巧[M]. 北京:同心出版社,1999.
10. 谢伦浩. 演讲语调变化技巧[M]. 北京:石油工业出版社,2004.
11. 谢伦浩. 学生口才艺术[M]. 北京:石油工业出版社,2013.
12. 谢伦浩. 语言艺术水平考级教程[M]. 北京:石油工业出版社,2017.
13. 谢伦浩. 演讲比赛与活动指南[M]. 北京:石油工业出版社,2015.
14. 谢伦浩. 论辩比赛与活动指南[M]. 北京:石油工业出版社,2015.